Hechizos desde cero

PHOENIX SILVERSTAR

Hechizos desde cero

EDICIONES OBELISCO

Si este libro le ha interesado y desea que le mantengamos informado
de nuestras publicaciones, escríbanos indicándonos qué temas son de su interés
(Astrología, Autoayuda, Psicología, Artes Marciales, Naturismo,
Espiritualidad, Tradición…) y gustosamente le complaceremos.

Puede consultar nuestro catálogo en www.edicionesobelisco.com

*Los editores no han comprobado la eficacia ni el resultado de las recetas, productos, fórmulas técnicas,
ejercicios o similares contenidos en este libro. Instan a los lectores a consultar al médico
o especialista de la salud ante cualquier duda que surja. No asumen, por lo tanto, responsabilidad alguna
en cuanto a su utilización ni realizan asesoramiento al respecto.*

Colección Magia y Ocultismo
HECHIZOS DESDE CERO
Phoenix Silverstar

Título original: *Spells from Scratch: How to Craft Spells that Work*

1.ª edición: abril de 2023

Traducción: *Wencke Brauns*
Maquetación: *Juan Bejarano*
Corrección: *M.ª Ángeles Olivera*
Diseño de cubierta: *Enrique Iborra*

© 2022, Phoenix Silverstar
Publicado originalmente por Llewellyn Publications
www.llewellyn.com
(Reservados todos los derechos)
© 2023, Ediciones Obelisco, S. L.
(Reservados los derechos para la presente edición)

Edita: Ediciones Obelisco, S. L.
Collita, 23-25. Pol. Ind. Molí de la Bastida
08191 Rubí - Barcelona - España
Tel. 93 309 85 25
E-mail: info@edicionesobelisco.com

ISBN: 978-84-9111-988-3
DL B 3759-2023

Impreso en los talleres gráficos de Romanyà/Valls S. A.
Verdaguer, 1 - 08786 Capellades - Barcelona

Printed in Spain

DESCARGO DE RESPONSABILIDAD

Este libro se presenta únicamente con fines educativos y de entretenimiento. El autor y el editor no lo ofrecen como consejo médico. Para el diagnóstico o tratamiento de cualquier condición médica, se recomienda a los lectores que consulten o busquen los servicios de un profesional médico competente.

Si bien se han realizado todos los esfuerzos posibles para preparar este libro, el autor y el editor no se responsabilizan ni dan garantías de ningún tipo. Ni el autor ni el editor serán considerados responsables ante ninguna persona o entidad con respecto a cualquier pérdida o daño causado o supuestamente causado, de manera directa o indirecta, por la información aquí contenida. Cada situación es diferente, y los consejos y las estrategias aquí explicados pueden no ser adecuados para tu situación en particular.

En las siguientes páginas, encontrarás recomendaciones para el uso de ciertas hierbas, aceites esenciales, mezclas de incienso y artículos para rituales. Si eres alérgico a alguno de ellos, abstente de usarlo. Cada cuerpo reacciona de manera diferente a las hierbas, los aceites esenciales y otros elementos, por lo que los resultados pueden variar de una persona a otra. Los aceites esenciales son potentes; ten cuidado al manipularlos. Dilúyelos siempre antes de aplicarlos sobre la piel y asegúrate de hacer una prueba con un parche en la piel antes de usarlos. Realiza tu propia investigación antes de emplear un aceite esencial. Algunos remedios a base de hierbas pueden reaccionar de manera adversa con los medicamentos recetados o de venta libre. No ingieras ninguna hierba si no estás seguro de haberla identificado correctamente. Si estás tomando fármacos o tienes problemas de salud, no consumas hierbas sin antes consultar a un profesional cualificado.

AGRADECIMIENTOS

Hay muchas personas con las que he discutido los temas tratados en este volumen, y os estoy agradecido a todos y cada uno de vosotros. No menciono a nadie para no olvidarme de ninguna persona. Todos los miembros de la facultad del Seminario Teológico Woolston-Steen han influido en mi forma de pensar sobre muchos temas mágicos, y aprecio mucho el esfuerzo, la profunda reflexión y el entusiasmo que ponen en su trabajo.

Quiero dar las gracias especialmente a Kerr O'wen, quien me convenció para retomar y terminar de escribir este libro cuando había quedado latente debido a que manejaba demasiadas prioridades. Me animó hasta el final.

Esta obra no era ni por asomo el libro que es ahora antes de las aportaciones del fantástico equipo de edición de Llewellyn, especialmente de Heather Greene y Nicole Borneman. ¡Mis más sinceras gracias, Heather y Nicole!

Introducción

La magia no son milagros. La magia hace que lo posible sea probable.

Cuando la mayoría de la gente piensa por primera vez en usar magia, suele querer ir por el camino más fácil, por lo que compra un libro de hechizos lleno de hechizos escritos por otra persona o kits de hechizos con conjuros y objetos listos para usar. Dependiendo de la habilidad de la persona que creó los hechizos y de lo bien que los ejecutes, éstos pueden o no ser efectivos en tu caso.

Quizás ya estés practicando magia, pero tu magia no funcione bien. Tal vez uses fórmulas de libros de cocina, pero no entiendas cómo funcionan. O es posible que ya estés haciendo magia muy bien, pero te vendría bien un poco de inspiración para nuevos hechizos. En cualquier caso, una vez hayas terminado de leer este libro, sabrás cómo crear tus propios y poderosos hechizos desde cero y, si ya eres un experto en hacer hechizos, habrás encontrado una nueva inspiración.

En este libro, comprenderás qué es un hechizo y qué no lo es, la teoría que subyace a cómo crear hechizos, cuándo hacer magia y cuándo no, la importancia de *actuar de acuerdo con* tu propósito y cómo manifestar tu objetivo. También conocerás algunos símbolos valiosos para el trabajo con hechizos, así como ciertas correspondencias mágicas y por qué podrías querer usarlas. Aprenderás a escribir tus propios conjuros y te proporcionaré hechizos específicos como ejemplos de los métodos presentados.

El libro que tienes en tus manos no es un libro de recetas de hechizos preparados. En cambio, te enseña cómo funcionan los hechizos y cómo crearlos para ti y para tus propósitos específicos. Te enseña cómo *actuar de acuerdo con* tus objetivos para manifestarlos. Se trata de una magia poderosa. ¡Esto es magia que funciona!

Me gusta pensar en mi obra mágica como «hechizos sin abracadabra». Esto se refiere al hecho de que algunos grimorios y libros de hechizos antiguos están repletos de conjuros que contienen palabras misteriosas, por ejemplo, nombres de espíritus y seres de los que se sabe poco o nada. Un buen ejemplo de esto es un hechizo de sanación del siglo XIII de Albertus Magnus, que utiliza el siguiente conjuro:

Ofano, Oblamo, Ospergo
Hola Noa Massa
Lux, Beff, Cletemati, Adonai
Cleona, Florit.
Pax Sax Sarax.
Afa Afca Nostra.
Cerum, Heaium, Lada Frium.[1]

Yo no sé qué significa esto, y tampoco la mayoría de la gente, al menos que yo sepa. Lo que sí sé es que podría resultar contraproducente. Enviar una intención cuando no sabes de qué se trata podría ser inútil y también potencialmente peligroso.

En lo que estás leyendo ahora, por otro lado, hay un esfuerzo para no dejar nada sin explicación. El objetivo es que tú, el lector, comprendas la mecánica subyacente del trabajo con hechizos para que tú mismo domines la escritura de hechizos, de modo que ya no te veas obligado a confiar en el trabajo, a veces dudoso, de los demás. Podrás escribir hechizos específicos para tus deseos y necesidades exactas, y conocerás todos los pasos necesarios para que se manifiesten. No tienes que preocuparte de si la persona que escribió el hechizo sabía lo que estaba haciendo, porque tú sabrás lo que estás haciendo. Saberlo pone todo el poder en tus manos.

---

1. Gaynor, F. *et al. The Witchcraft Collection Volume Two.* Nueva York: Cap. M. Philosophical Library, 2019.

La magia no es una habilidad heredada ni algo con lo que debas nacer. ¡Cualquiera puede aprender a lanzar hechizos! Una vez hayas aprendido los pasos necesarios para crear un hechizo, comprendas cómo planificar el mejor momento y sepas cómo usar las correspondencias y otras herramientas que potencian tu magia, tendrás todos los conocimientos necesarios. Todo lo que necesitas añadir por tu parte es la atención y la intensidad de emoción que se requiere.

Este libro también contiene ejemplos de hechizos completos, todos escritos de acuerdo con los principios que se explican aquí. Puedes utilizarlos tal y como aparecen aquí, si así lo deseas. No obstante, mi intención real era incluirlos para ilustrar los principios con ejemplos reales para que comprendieras cómo crear tu propio hechizo.

Descubrirás que parte del material de este libro está escrito en un contexto wiccano, se basa en los principios wiccanos o tiene referencias wiccanas. Sin embargo, éste no es un libro de texto de «introducción a la Wicca», y no es necesario ser wiccano para aprender el arte de los hechizos que se presenta aquí. Soy una suma sacerdotisa de tercer grado de la Wicca tradicional británica, y es por este motivo por el que existe cierto regusto wiccano. La Wicca es una religión que honra tanto a lo femenino como a lo masculino en lo Divino y, por lo tanto, advertirás que se habla de dioses y diosas. Por cierto, hoy en día muchos wiccanos honran también a todo el espectro de género de la misma manera. Muchos, como yo, realizan también hechizos como parte de su práctica religiosa. En mi caso, empecé a hacer magia y a manifestar mis intenciones en la adolescencia, mucho antes de convertirme en wiccana, en 2003.

Las experiencias de mi vida han influido en mi manera de hacer hechizos. Viajo a la India con regularidad desde 1986, año en el que me casé con un miembro de una familia hindú india.

También viví en la India durante nueve años. Allí, me sumergí en la cultura y la religión del hinduismo y en la adoración de las deidades hindúes. Por lo tanto, hay algunos conceptos culturales indios y conceptos religiosos hindúes incluidos entre los principios. Un ejemplo de cómo el tiempo que residí en la India ha influido en mi brujería es la incorporación del sistema de *chakras* a mi magia.

Asimismo, tengo una fuerte conexión con los dioses y mitos antiguos nórdicos porque nací y crecí en Suecia. De niña me fascinó estudiar los Æsir nórdicos y los dioses Vanir en la escuela, y siempre me pregunté cómo se llegó a eliminar por completo la creencia en los dioses antiguos. A medida que crecí, empecé a trabajar con estos dioses como parte de la magia religiosa, un concepto que se explicará en detalle más adelante.

Espero que en cada página encuentres algo que puedas usar en tu propio funcionamiento mágico. A menudo me han frustrado los libros que pretenden enseñar un tema, pero que en su mayoría resultan ser muchas palabras con poca sustancia. En estos libros, debes buscar y picotear cualquier información que realmente sea útil en la práctica. Mi objetivo y esperanza es que tengas una experiencia muy diferente con este libro, una en la que pienses «¡Oh! ¡Esto sí que lo puedo usar!» u «¡Oh, esto es útil!» a medida que lees los capítulos.

Primera parte

PREPARADOS PARA EMPEZAR

Capítulo 1

¿QUÉ ES UN HECHIZO?

Cuando escuchas a alguien hablar de hechizos, puedes imaginarte a una bruja con amplias túnicas negras o moradas de pie con una varita en la mano, leyendo un antiguo libro encuadernado en cuero y murmurando un largo conjuro de palabras misteriosas sobre un caldero burbujeante. Es posible que imagines que la habitación está iluminada sólo con velas o, tal vez, que haya un fuego en la chimenea. Su gato negro está a su lado mientras lanza su hechizo... Este hermoso escenario, por supuesto, ocurre. No obstante, no es la forma en que la mayoría de los hechiceros lanzan hechizos. En primer lugar, las brujas son de cualquier género. En vez de lanzar hechizos en el atractivo escenario metafísico que a menudo se representa, es considerablemente más común hacerlo en entornos mucho más mundanos. Lo importante es el contenido del hechizo y las palabras del encantamiento. Como ya sabes, las palabras deben ser claras y precisas en lugar de misteriosas.

Algunos de los hechizos más poderosos están creados específicamente para la situación y el propósito del hechizo y, precisamente por eso, tienen tanto poder. Estos hechizos se adaptan a las condiciones exactas en cuestión y al objetivo específico que el creador de hechizos quiere manifestar. Poseen el poder de la persona que practica la magia y están personalizados según sus necesidades exactas. Estos hechizos no se encuentran en los libros de hechizos, donde sólo hallarás hechizos relativamente genéricos. Algunos de ellos los puedes crear de manera espontánea, como, por ejemplo, añadir amor a una comida mientras cocinas o pronunciar un hechizo de protección cuando el avión en el que te encuentras pasa por alguna turbulencia. Otros hechizos están cuidadosamente diseñados, utilizando muchas capas de símbolos y correspondencias, y se ejecutan en momentos específicos del ciclo lunar y en configuraciones astrológicas y horas planetarias determinadas. Una vez más, se trata de hechizos que no se encontrarán en un libro de hechizos prefabricados.

Ésta es mi definición de un hechizo: un hechizo es un mecanismo para hacer probable lo posible. Recuerda que la magia no son milagros.

Para tener éxito, lo que deseas manifestar debe crearse primero en el plano astral. Aprenderás cómo hacerlo más adelante en este capítulo. También conocerás qué se necesita para que un hechizo funcione y qué es lo que a menudo hace que la magia falle.

LOS PLANOS DE LA EXISTENCIA

Existen muchos planos en nuestra existencia. Este libro abordará el plano físico, donde se experimenta la vida mundana, en el que una silla es una silla que se puede tocar y sentir. También tratará el plano astral, donde reside toda la conciencia y la inconsciencia universal, y donde una silla es una silla que sólo el cuerpo astral puede mover.

Para que cualquier cosa se manifieste en el plano físico, primero debe existir en el plano astral. Algunas cosas nacen en el plano astral por sí solas, según la voluntad de la deidad o las reglas probabilísticas, al igual que en el plano físico. Otras las creas deliberadamente para que puedan manifestarse en el plano físico. Crear en el plano astral es semejante a crear el plano para el objetivo físico.

Cuando tienes una meta particular que deseas manifestar en lo físico, primero la creas en el plano astral. Y lo haces a través del trabajo con hechizos, lo que incluye visualizar en este plano la meta como si ya se hubiera manifestado y añadiendo todas las emociones que sientes al plasmar tu sueño. Le dices al universo cómo es, y el universo asiente con la cabeza y se ajusta para que así sea. El enfoque funciona porque nuestro cosmos personal en el cerebro es un microcosmos que refleja y se refleja en el macrocosmos. Como es arriba así es abajo. Como es por dentro así es por fuera.

Algunas personas que practican magia ven el universo como una red en la que un hechizo atrae a algunos hilos de la red hacia ti, los teje en el patrón que quieres manifestar y luego vuelve a poner ese patrón en la red. Todas son formas válidas de expresar el mismo concepto.

Para que la meta pueda manifestarse desde su existencia en el plano astral al físico, es necesario enviar la energía del hechizo al momento y al lugar donde esto tiene que suceder. Si sois un grupo, lo hacéis recitando un conjuro, cantando, bailando, tocando tambores, entre otras acciones. Luego, el grupo libera la energía en el lugar y el momento necesarios.

Cuando trabajas solo, puedes aumentar la energía de varias maneras (*véase* capítulo 7). Luego, envías esa energía al momento y al lugar en el que necesita estar, empujándola hacia donde visualizas que tu objetivo se manifieste en lo físico. A veces la energía se utiliza de una sola vez. En ocasiones pones la energía en un objeto hechizado y dejas que la magia se libere con el tiempo.

Para darle un poder adicional a un hechizo, puedes hacer las llamadas capas mágicas. Para ello, necesitas conocer y usar las leyes de la magia. Antes de eso, lee las reglas que te mantendrán a salvo y harán que tu magia sea más poderosa.

El templo astral

Si aún no tienes un templo astral donde puedas trabajar en paz, construye uno ahora. Un templo astral es un templo que se crea en el plano astral, el reino no físico donde residen nuestra conciencia, conocimiento, sabiduría y pensamiento. Puedes hacer hechizos en el templo astral si te resulta imposible hacerlo a nivel físico. También puedes ir a tu templo astral solo para relajarte. Es un lugar para que la mente trabaje o descanse.

Ejercicio: el templo astral

Necesitarás:
- un lugar tranquilo donde puedas sentarte cómodamente y sin molestias;
- un bolígrafo y papel para escribir algunas notas al final (opcional).

Cierra los ojos y piensa en lo que te hace sentir completamente en paz. El lugar debería hacer que tus hombros se relajen y desciendan. La lengua no debe presionarse con fuerza contra el paladar y debes sentir que toda la tensión abandona tu cuerpo. Deberías sentirte en paz con el mundo.

Una vez hayas encontrado este estado de relajación, comienza a imaginar tu templo astral. Si necesitas ayuda, utiliza las siguientes preguntas para profundizar en tu conexión con tu templo astral.

- ¿En qué tipo de entorno me encuentro? ¿Estoy en lo profundo de un bosque, en una playa o en un edificio con techos altos? ¿En un barco? ¿En un claro? ¿Hay algún tipo de edificio?
- ¿Qué aspecto tiene?
- ¿A qué huele?
- ¿Hay sonidos?
- ¿Sientes una brisa acariciando tu piel?
- ¿Tiene el aire sabor?
- ¿Hay símbolos?
- ¿Hay alguna deidad que viva aquí?
- ¿Hay decoraciones?

Sé tan detallado como puedas al crear tu templo astral. Recuerda que éste no es un templo físico, así que puedes ser tan sofisticado como desees. El mío tiene cortinas de seda que llegan hasta el suelo y se mueven con la brisa, decoraciones en una pared de mármol con incrustaciones de perlas y piedras preciosas detrás del altar y jarras doradas, entre otros aspectos lujosos. Tu templo puede cambiar con el tiempo o puede ser el mismo durante el resto de tu vida.

Asegúrate de encontrar en tu templo astral un área (o varias) donde puedas trabajar con las metas que deseas manifestar. Éste puede ser tu altar astral principal, un altar que dediques a la manifestación, una arboleda en el bosque o cualquier escenario que consideres adecuado para este tipo de magia. Si ya tienes un templo astral, dirígete allí ahora y encuentra dónde trabajarás con el próximo objetivo que deseas manifestar en lo físico.

RAZONES DEL ÉXITO O FRACASO DE UN HECHIZO

No se garantiza que los hechizos funcionen. Los hechizos pueden fallar por una infinidad de razones. La causa más común de fracaso es que la persona que ejecuta la magia perdió la fe en su capacidad de manifestar ese objetivo. El cuestionamiento y la incertidumbre envían de inmediato señales al universo de que la meta está en duda. ¡Cuida siempre tus pensamientos!

Otra razón común para no tener éxito es la falta de compromiso al lanzar el hechizo. Debes estar cien por cien comprometido intelectual y emocionalmente para que el hechizo se consolide. Si tu mente está divagando, el hechizo se atenúa y es probable que, como resultado, no suceda gran cosa. Conectar con la tierra y centrarse antes de lanzar un hechizo siempre es una buena idea.

La última razón por la que un hechizo no funciona es no haber tomado medidas para que tenga éxito. El universo no puede hacer que suceda lo imposible. Tienes que hacer posible tu objetivo para que la magia lo haga probable. (Más información sobre este aspecto en «Actuar de acuerdo con»).

No bloquees tu magia sin querer: el poder del pensamiento

A medida que pasas el día, piensas en muchas cosas. Estas llegan al universo como formas de pensamiento en miniatura que, en su mayoría, se disuelven en la cacofonía de pensamientos de personas de todo el mundo. Eso no produce ningún efecto. Sin embargo, si sigues pensando lo mismo una y otra vez, estás estableciendo de manera involuntaria, en el plano astral, lo que sea que estés pensando. Esto es bueno si tienes pensamientos productivos y positivos. No obstante, a menudo los pensamientos distan mucho de ser productivos y positivos. Pueden ser negativos y totalmente destructivos. Cuando esto sucede, saboteas tu magia. Cuando hayas trabajado duro en un hechizo para establecer un resultado deseado en el plano astral, entonces, si dudas de que sucederá o piensas que algo diferente va a acaecer, estás derribando lo que te has esforzado tanto por crear. Además, tus pensamientos afectan a tus emociones, y tus emociones afectan a tu comportamiento y tus acciones. Tu comportamiento y tus acciones afectan al resultado. En el caso de un hechizo, si tienes pensamientos negativos sobre la meta que quieres manifestar, te sentirás triste e inseguro sobre el resultado y, sin darte cuenta, estarás poniendo barreras para *actuar de acuerdo con* tu propósito. Tu comportamiento ha cambiado a través de las emociones que surgen de tus pensamientos de duda.

Por otro lado, si siempre te dices a ti mismo que vas a manifestar tu objetivo, agregas sustancia a lo que ya has construido en el plano astral.

Además, te sientes alentado por tus pensamientos y, por lo tanto, es mucho más probable que sigas adelante con tu plan de acción para *actuar de acuerdo con* tu objetivo. Por eso, debes tener absoluta confianza en que tu magia funciona.

Recuperar la fe en la magia

Los niños tienen una comprensión innata del hecho de que sus acciones, pensamientos y palabras afectan a su realidad. A medida que crecen, los adultos siguen diciéndoles que se trata de un «pensamiento mágico» falaz y su creencia disminuye. Para que la magia funcione, el que la practica debe creer en ello. Si no lo hace, el universo escucha dudas y el hechizo se desvanecerá.

Dada la falta general de fe en la magia en la sociedad, se necesita un esfuerzo adicional para recuperar esa comprensión infantil de cómo funciona la magia. El primer paso es ser consciente de que todo lo que se hace a tu alrededor es el resultado de que alguien ha tenido una idea o un pensamiento. Un vaso nació con alguien que diseñó su forma. Una alfombra apareció con alguien que pensó: «Me gustaría tejer una alfombra. ¿Qué diseño debo hacer?». Éstos son ejemplos muy concretos de los pensamientos de alguien que ha creado una nueva realidad, una realidad con un vaso nuevo o una alfombra nueva. La forma en que decides vestirte y cómo actúas son reflejos de tus pensamientos sobre ti mismo.

Como es por dentro así es por fuera. Resulta ser un círculo que se alimenta solo. Si piensas mal de ti mismo, te vestirás mal y actuarás mal. Si tomas la decisión activa de vestirte mejor y ser más amable, ¡descubrirás que eso afecta a tu forma de pensar de ti mismo!

Por lo tanto, debes tener claro lo que hay que hacer para que la magia funcione, aunque sólo eso no es suficiente. También debes tener un gran deseo de lograr este objetivo, un fuerte impulso. Tus emociones al ejecutar el hechizo añaden una enorme cantidad de poder a la magia y te impulsan a *actuar de acuerdo con*.

Cuando tus pensamientos y emociones se sincronizan en torno a lo que quieres lograr, envías señales poderosas tanto al universo como a tu propio subconsciente. Tus pensamientos provienen de tu mente consciente y envían señales a tu mente subconsciente, donde se originan tus emociones y de donde se expanden. Estas dos, en conjunto, constituyen tu poder mágico.

Sin embargo, con esos dos todavía no basta. Debes creer. Las personas que se sanan en manantiales curativos u otros sitios sagrados de sanación tienen tres cosas en común: pueden ver claramente sus vidas como si estuvieran curadas; acuden con un fuerte deseo de curarse; creen en el poder del lugar de curación para poder sanarlas. Creen que se curarán. Entonces, ¡la magia sucede!

En términos de la práctica de la magia, creer significa tener la confianza, sin ningún atisbo de duda, de que el resultado puede materializarse y se materializará.

Al declarar el resultado en tiempo presente y como si ya fuera cierto, creas la comprensión tanto en tu mente consciente como en la inconsciente de que el resultado es alcanzable y real. Al mismo tiempo, envías esa convicción al universo para que actúe en consecuencia. Puedes hacerlo. Es la clave del éxito.

ACTUAR DE ACUERDO CON

Digamos que quieres un nuevo trabajo, así que cuando la luna está creciendo, realizas un gran hechizo, diciendo: «Para cuando la luna vuelva a oscurecer, tengo un nuevo puesto permanente a tiempo completo en una empresa que ofrece beneficios médicos, dentales y de otro tipo a los que tengo derecho, y gano al menos XYZ € al mes. Me encantan mis responsabilidades, soy muy capaz de desempeñarlas y me llevo bien con mis compañeros de trabajo y mi jefe. Hay una trayectoria profesional por delante y estoy muy contento con mi trabajo. Por el mayor bien de todos, que así sea». Te imaginas trabajando duro en tu nuevo empleo con una sonrisa de satisfacción en tu rostro. Luego, enciendes el televisor, te sientas en el sofá y visionas tu programa favorito. Lo haces día tras día y, cuando vuelve la luna negra, el teléfono no suena con ninguna oferta de trabajo. Así que sigues sin trabajo, te enfadas y empiezas a dudar de tus habilidades mágicas. El hechizo ha salido mal.

Pero recuerda, la magia no son milagros. La magia hace que lo posible sea probable. Al no hacer absolutamente nada y no buscar una posición, hiciste casi imposible que el hechizo funcionara. Lo que te faltaba era *actuar de acuerdo con* tu deseo.

La frase es importante. *Actuar de acuerdo con* significa preparar el escenario para que el hechizo funcione. Significa hacer posible tu objetivo para que el hechizo lo haga probable. En el ejemplo, significa actualizar tu currículum, ir a la tienda a comprar ropa adecuada para la entrevista, tal vez cortarte el pelo y hacerte la manicura, actualizar tu LinkedIn, si es necesario, y, por supuesto, ¡enviar solicitudes de empleo! Ahora, cuando la luna se vuelve a oscurecer, estás sentado en tu escritorio en tu nuevo trabajo, encantado con tu nuevo puesto y confiado en tu magia. ¿Ves la diferencia?

¡Cada vez que lances un hechizo, escribe también una lista de los pasos que debes seguir para que funcione!

Ejercicio: definir cómo actuar de acuerdo con una meta

Necesitarás:
 @ lápiz y papel.

Piensa en una meta que tengas en la vida. Luego, anota los pasos que debes seguir para hacerla posible. Asegúrate de comenzar con pasos pequeños, incluso algo que puedas hacer hoy para comenzar. Entonces hazlo.

¿QUÉ HAY POR DELANTE?

Ahora que hemos llegado al final del primer capítulo, estás listo para aprender los detalles para la creación de un hechizo. Sabes que necesitas crear tu objetivo en el plano astral, que debes actuar de acuerdo con ello y pronto conocerás la ley de la semejanza, la ley del contagio y la magia religiosa.

En los siguientes capítulos aprenderás sobre los símbolos y cómo elegirlos, así como las correspondencias y cómo utilizarlas. También conocerás cómo situar la manifestación de tu objetivo en un momento determinado en el futuro. De hecho, aprenderás a hacer funcionar todas las partes necesarias de un hechizo.

Entonces, ¿cuáles son las partes de un hechizo en las que debes pensar?

- un objetivo bien establecido: lo que quieres que se manifieste;
- la lista de verificación para garantizar que el objetivo sea sólido;
- comprobaciones éticas;
- el momento en que se debe alcanzar la meta mediante un método que se describe más adelante;
- la lista de pasos para *actuar de acuerdo con*;
- un conjunto de correspondencias para poner capas al hechizo, así como conocer dónde obtenerlas o cómo crearlas;
- la deidad o las deidades que apoyarán que el objetivo se manifieste si se utiliza magia religiosa;
- algo de la persona para la que estás haciendo el hechizo;
- el conjuro;
- cuándo y dónde realizas el hechizo;
- una lista de todos los objetos que necesitarás para lanzar el hechizo (reúne los objetos con antelación, ya que tener que detenerte a la hora de lanzar un hechizo para coger el objeto necesario es muy molesto e interfiere en tu poder).

Pronto estarás listo para realizar y combinar todo esto y empezar a escribir y ejecutar hechizos.

Capítulo 2

ÉTICA Y LEYES
DE LA MAGIA

La magia tiene paralelismos con las ciencias naturales. Hay leyes mágicas que crean una relación de causa y efecto. Cuando entiendas cómo funcionan estas leyes, tendrás el control de la poderosa magia.

La magia también tiene paralelismos con los sistemas legales y judiciales mundanos. La ética de la magia define lo que se te permite hacer y lo que no se te permite hacer, del mismo modo que las leyes en la vida mundana. La ley triple puede compararse con el sistema judicial mundano en el sentido que si se infringen las reglas de la ética, la ley triple impone las consecuencias.

Este capítulo profundiza en los detalles de estas leyes y principios.

LEYES DE LA MAGIA

Hay varias formas en las que funciona la magia. Ya sabes que tu objetivo debe crearse primero en el plano astral para que se manifieste en el físico. Más allá de eso, debes poner capas a la magia para obtener más poder. Para ello, utiliza algunas leyes mágicas bien establecidas. Existe la magia simpática, que tiene dos leyes: la ley de la semejanza y la ley del contagio. Además, también tenemos la magia religiosa, donde la ley subyacente es la reciprocidad o intercambio de energía entre el devoto y la deidad.

MAGIA SIMPÁTICA

La magia simpática es el título general de las leyes mágicas que utilizan la imitación, las similitudes y las correspondencias al hacer hechizos. Éstas pueden dividirse aún más, por un lado, en una ley que se basa en las similitudes, los paralelismos, las analogías y la idea de que «lo similar produce lo similar». Por otro, en otra ley que se basa en el contagio, lo que significa que todo lo que alguna vez estuvo en contacto físico permanece para siempre en contacto mágico. Las siguientes secciones profundizan en estas dos leyes.

La ley de la semejanza

La ley de la semejanza es el concepto de que «lo similar produce lo similar». En el lenguaje de la New Age, se suele denominar con el nombre de ley de atracción. La ley de atracción se centra en los pensamientos más que en los hechizos, por ejemplo, que los pensamientos positivos producen resultados positivos. Lo mismo es, por supuesto, válido también en el trabajo con hechizos.

La ley de la semejanza es la razón por la que debes usar correspondencias cuando desarrollas hechizos. Los símbolos y elementos, los dibujos y otras correspondencias están relacionados con la ley de semejanza, porque para crear un objetivo en el plano astral, se usa la visualización. Analizaremos los símbolos y las correspondencias con mucha más profundidad en los capítulos 4 y 5.

Veamos un ejemplo de la ley de la semejanza. Si está intentando manifestar riqueza, debe utilizar pentagramas y símbolos de la tierra, cristales, monedas o billetes. Todos éstos son símbolos de prosperidad, es decir, atraen riquezas. Si intentas manifestar el amor en tu vida, usarías elementos asociados con el amor, como cuarzo de rosa, peridoto, esmeralda, un objeto en forma de corazón, una imagen de Cupido y tal vez una rosa roja, porque atraen el amor. En los hechizos de transformación, la ley de semejanza se usa para demostrar que el cambio es parte integral del hechizo al incluir símbolos conocidos por su transformación, como, por ejemplo, una mariposa.

También incluyo a menudo un dibujo de lo que intento manifestar, ya que es una poderosa magia de la ley de la semejanza. Cuando te concentras en tu intención mientras dibujas lo que quieres manifestar, cargas la imagen con energía y emoción, lo que potencia aún más tu hechizo.

Otro ejemplo de la ley de la semejanza es el uso de monigotes (o *poppets*). Por ejemplo, los monigotes o muñecos que se parecen a una persona pueden usarse para sanar a alguien que ha pedido que se cure. El monigote está pensado para que se parezca a la persona que se está curando de tantas maneras como sea posible, y la lesión o enfermedad se representa de manera que se pueda extirpar. Durante el funcionamiento del hechizo, el hechicero retira la herida o dolencia del monigote, con la intención de eliminar de manera similar la enfermedad o el daño de la persona que está sanando. La ley de la semejanza hace que la dolencia se elimine de la persona porque fue extraída del monigote.

La visualización es otra parte clave de la magia de la similitud. Cuando visualizas tu objetivo mientras haces tu hechizo, el universo lo ve de la misma manera que tú y se ajusta en consecuencia. Ésta es otra forma de afirmar que primero debes crear tu meta en el plano astral para que pueda manifestarse en el físico.

La ley del contagio

Las cosas y las personas que han estado en contacto físico mantienen una conexión poderosa. Esto se debe a que lo que ha estado en contacto físico permanece para siempre en contacto mágico.

La ley del contagio es la razón por la que, cuando tienes permiso para hacer magia para otra persona, debes tratar de incluir parte de su cabello, una prenda de su ropa o cualquier otra prenda suya, ya que esto conecta directamente el hechizo con esa persona. Cuando haces magia con velas, puedes ungirla con fluidos corporales (por ejemplo, saliva) de la persona para la que estás haciendo el hechizo (con su permiso, por supuesto). Cada vez que veas la mención de incluir algo de la persona para la que estás haciendo un hechizo, advertirás que la ley del contagio se utiliza para conectar el hechizo con la persona a la que está dirigida la magia.

MAGIA RELIGIOSA

La magia religiosa, o magia divina, se practica de manera relativamente similar en la mayoría de las religiones. Llamas a diosas o dioses para que te ayuden a lograr una meta (orar), y ofreces ofrendas a las deidades en agradecimiento y como intercambio de energía por recibir su atención. En el cristianismo, la ofrenda puede consistir en encender una vela para un santo o dar limosna a los pobres. En la brujería politeísta, puede significar colocar trozos de pescado, pan y ajo para Hekate, regalarle a Afrodita una rosa fresca o un collar de perlas, o colocar una taza de aguamiel y algunas joyas bonitas para Freya. (Más adelante en este capítulo, analizaremos las ofrendas apropiadas para algunas deidades de los panteones nórdico, griego e hindú).

En la magia religiosa, un practicante religioso trabaja con su deidad patrona o con aquella más alineada con su objetivo y, luego, invoca a ese dios o esa diosa para que se manifieste. Los magos ceremoniales y los cabalistas trabajan con los arcángeles. Algunos paganos trabajan con las hadas.

Cuando el que practica la magia ora a la deidad, puede terminar la oración con la expresión antigua del inglés *So mote it be*, que significa «que así sea», y convierte una declaración en una afirmación, incluso si está redactada como una oración. La palabra «amén» originalmente significaba «que así sea» en el judaísmo y el cristianismo. Así es como se suele traducir «amén» en el Antiguo Testamento griego.[1]

Recuerda que si pides ayuda divina para manifestar tu objetivo, debes corresponder. La ofrenda a la deidad con la que trabajas no es opcional. Se necesita un intercambio de energía equitativo, ¡y no sólo entre los mortales! Cuando un dios o una diosa sienten que los estás honrando, es mucho más probable que escuchen y respondan a tu petición. Asegúrate de haber investigado a la deidad para saber qué le gusta y qué no. ¡No querrás ofrecer un lobo de juguete aullante a Njord, ni una gaviota de juguete chillona a Skadi!

Los dioses y las diosas se sienten honrados y respetados cuando saben que los conoces. Si la deidad con la que trabajas tiene epítetos, asegúrate de conocerlos y de usar los correctos para el tipo de magia que realizas. Algunos dioses, según el epíteto, actúan en áreas por completo diferentes entre sí.

Cuando llamas a un dios o a una diosa, debes asegurarte de que sepan que los estás llamando a ellos específicamente y no a otra deidad. Por lo tanto, incluye su nombre y, si tienen epítetos, uno o más de ellos. También diferentes formas de describir a la deidad. A menudo se usan otras dos formas, ya que el tres es un número de la suerte. Aquí tienes un ejemplo de cómo llamar a Freya:

> Te doy la palabra, Freya, profesora de *Seidr*
> y propietaria de Brisingamen e Hildisvini.

Si tienes la intención de usar magia religiosa, piensa si siempre querrás trabajar con la misma deidad (tal vez el Dios judeocristiano) o con tu deidad patrona, o si deseas trabajar cada vez con una deidad que sea apropiada para el objetivo en cuestión. Por ejemplo, si tu objetivo es que tu empresa funcione bien, puede que desees trabajar con Mercurio. Si quieres atraer el amor, puedes trabajar con

---

1. *Encyclopaedia Britannica*, *s.v.* «amen», última actualización el 20 de mayo de 2013, www.britannica.com/topic/amen-prayer

Afrodita. Aunque ten cuidado, porque ella no pertenece del amor fiel. Quizás prefieras elegir a Hymen, dios del matrimonio, en su lugar. Si tu objetivo es aumentar tu sabiduría, tal vez desees trabajar con Odín. Si quieres que te vaya bien en tus estudios, puedes optar por trabajar con Saraswati. Piénsalo bien. Decide cómo abordarás la magia religiosa si vas a trabajar con ella. Sin embargo, no tengas miedo. Ninguna decisión es inamovible, y puedes cambiar de enfoque en cualquier momento, siempre y cuando honres a los dioses.

Qué ofrecer a algunas deidades conocidas

Como se ha mencionado, si incluyes magia religiosa en tu obra, debes mostrar cuánto aprecias a la deidad a quien le estás solicitando ayuda. Una ofrenda significa que le das un objeto a la deidad. No es un préstamo, es un regalo. No lo recuperas después de que el hechizo haya funcionado. Puedes incluir el objeto con el hechizo o construir un pequeño altar a la deidad. Si luego rompes el altar, puedes poner los objetos que se descomponen en la naturaleza. Los objetos que no se descomponen deben guardarse en un lugar especial para esa deidad. Una caja, por ejemplo, funciona.

En caso de que no estés familiarizado con otras deidades además de las abrahámicas, he incluido algunas en esta sección. Los dioses que he decidido incluir provienen de panteones con los que he trabajado extensamente. Permíteme dejar claro que esta lista no implica que éstas sean las únicas deidades con las que puedes trabajar en la magia religiosa. Por ejemplo, no he incluido al Dios cristiano, a Jesús, a María ni a ningún santo, ya que no tengo experiencia trabajando con ellos de esta manera. ¡Tú, por supuesto, puedes trabajar con ellos! Simplemente investiga un poco de antemano para hacer una ofrenda adecuada.

Los dioses nórdicos

El panteón nórdico está formado por los dioses Vanir, que están asociados con la fertilidad y la abundancia; los dioses Æsir, que están relacionados tanto con la guerra como con el orden, y algunos gigantes o semigigantes como Jötunn, que también se consideraban parte del Æsir.

La asociación de los Vanir con la fertilidad y de los Æsir con la guerra es débil, ya que el dios Æsir Thor también está asociado con la fertilidad, y los Vanir lucharon poderosamente contra los Æsir en una guerra entre las tribus divinas.

Los dioses nórdicos que he decidido incluir son aquellos con los que trabajo con más frecuencia: los Vanir Frey, Freya y su padre Njord; los Æsir Odín, Thor, Heimdal e Idun; y el Jötunn Skadi, que llegó a incluirse entre los Æsir a través del matrimonio.

Freya

Freya es la diosa de la belleza, el amor, la fertilidad, la guerra y la magia (*Seidr*). Freya se acostó con enanos para convertirse en la dueña del hermoso collar Brisingamen. Le gustan las joyas, especialmente las de oro. El ámbar es sagrado para ella, por lo que cualquier objeto con ámbar es una buena ofrenda. También le gustan los gatos, ya que tiran de su carro. Lleva una capa de plumas de halcón, por lo que las fotografías de esas plumas o de halcones son ofrendas apropiadas. Este tipo de ofrendas le demuestran que te has tomado el tiempo de conocerla. (Ten en cuenta que es ilegal poseer plumas de halcón reales en algunos países como, por ejemplo, Estados Unidos). Freya y cualquiera de los dioses nórdicos aprecian en cualquier caso el aguamiel. Las manzanas también son una buena ofrenda, ya que las manzanas de Idun son las que mantienen a todos los dioses nórdicos (más o menos) jóvenes y sanos.

Frey

Frey es el dios de la fertilidad. Por lo tanto, trigo, avena, cebada o centeno son ofrendas apropiadas, al igual que el pan. A menudo es representado con un pene grande, por lo que los objetos fálicos también son adecuados. La malta y las bebidas a base de malta también son apropiadas.

Heimdal

Heimdal es vigilante y protege el puente Bifrost. Ofrecer a Heimdal un puente y un cuerno para hacerlo sonar le demuestra que lo conoces y que honras su invocación. También es quien instituyó (como Rig) el orden social en el mundo nórdico. Puede que no estés de acuerdo con la estricta estructura de clases que introdujo, pero reconocer su contribución lo honrará. Vivir dentro de la ley y cumplir con las expectativas sociales es un gran honor para Heimdal. El aguamiel y el cerdo también son excelentes ofrendas para él.

Idun

Idun tiene un árbol con manzanas mágicas que mantienen a los dioses nórdicos jóvenes y sanos. Ofrecerle manzanas o flores de manzano le permite saber que entiendes su papel. También es conocida por disfrutar de la sidra de manzana.

Njord

Njord es el dios nórdico del mar. Un pequeño acuario lo complacerá, al igual que los sonidos grabados de gaviotas o de olas rompiendo en la orilla. También le gustan los platos de pescado y marisco. Apreciará mucho que lleves una imagen o estatua suya al mar. No tienes que dejarla ahí. Valorará el gesto aunque te lo lleves a casa.

Odín

Odín es el dios de la sabiduría, la poesía, la muerte y las runas, entre muchas otras cosas. Odín encontró las runas después de estar colgado de un árbol sin comer ni beber nada durante nueve días. Por lo tanto, aprecia mucho las ofrendas de comida, aguamiel y agua. Ofrecer un conjunto de runas es respetuoso. También adquirió el aguamiel de la poesía mediante el cambio de forma y la seducción. Ofrecer poesía, especialmente si la has escrito tú mismo, es muy apropiado. Tiene dos cuervos, Hugin y Munin, por lo que también valora las fotos de cuervos. Asimismo tiene dos lobos, Geri y Freki, lo que significa que cualquier cosa relacionada con los lobos es una buena ofrenda para él.

Skadi

Skadi es la diosa nórdica del esquí y las tierras nevadas. Disfrutará de un juego (en miniatura) de esquís o raquetas de nieve. Apreciará mucho las ramitas de pino, abeto o picea, o el incienso elaborado con pinaza. Un trozo de piel de armiño, lobo u otro animal del norte también la complacerá. Le gustan los buenos chistes, ¡así que cuéntale uno! Mantén todo lo que tenga que ver con pies descalzos lejos de ella, no sea que la molestes. (Tenía que elegir a su marido mirando sólo los pies de los dioses, y los bonitos pies que ella escogió resultaron pertenecer a un dios, Njord, con el que no era compatible en absoluto).

Thor

Thor es el dios nórdico de los truenos y los relámpagos, los vientos fuertes y tormentas en general. Thor come y bebe MUCHO. Carne de cerdo, aguamiel, cerveza, pan: casi cualquier cosa comestible o potable es una buena ofrenda. Thor tiene dos cabras. Cuando las mata, puede devolverlas a la vida al día siguiente, siempre y cuando los huesos estén intactos. Por lo tanto, es apropiado ofrecerle carne de cabra deshuesada. También las imágenes de truenos y tormentas siempre son una buena opción.

Los dioses griegos

El panteón griego es uno de los más conocidos, y es posible que estés familiarizado con estos dioses tras leer textos como *La Ilíada* y *La Odisea*. Al igual que los dioses nórdicos, los griegos tienen defectos humanos. Asegúrate de complacer al dios antes de pedir su ayuda.

Cada uno de los dioses griegos tiene muchos epítetos, es decir, palabras que describen su papel y personalidad y que se añaden a su nombre. Un ejemplo es Hécate de pelo de color azafranado. A continuación, no citaré todos los epítetos junto con las descripciones de los dioses. Investigar los epítetos de un dios es una excelente manera de entender quiénes son. ¡Usar un epíteto que se alinee con la magia que quieres hacer seguramente complacerá al dios!

Apolo

Apolo es racional, lógico y ordenado. Es un dios de la música, así como del sol. Lleva una lira. Puede traer buena o mala salud si así lo desea. Nació bajo una palmera, por lo que éstas son sagradas para él. Una lira u otro instrumento de cuerda es apropiado como ofrenda para él, al igual que los cocos, las imágenes u otras representaciones del sol, así como cualquier objeto elaborado con oro o que parezca oro.

Afrodita

Afrodita nació de una combinación de espuma marina y el pene cortado de su padre, Urano. Cuando nació ya era adulta. A menudo se la representa en el caparazón de una vieira y, por eso, las conchas son sagradas para ella. También lo son las rosas, las perlas, las palomas y los cisnes. Agradecerá una ofrenda de cualquiera de estos objetos. Es una diosa del amor y la belleza, y cualquier objeto asociado con la belleza o el atractivo (por ejemplo, un espejo, un cuidado de la piel, el maquillaje o un perfume) le complacerá. También le gusta el chocolate y el vino dulce, como el oporto.

Ares

Ares es el dios de la guerra. Es impulsivo y puede ser violento. Es un soldado de infantería más que un alto oficial con pensamiento estratégico, a diferencia de su hermana Atenea. Lleva un casco y una espada o una lanza y, a veces, un escudo. Los mismos objetos que son adecuados como ofrendas para Atenea también lo son para Ares, excepto por el búho.

Artemisa

Artemisa es la hermana gemela de Apolo. Es una diosa de la luna y la caza, y es una doncella, una mujer soltera. Lleva un arco y una flecha, y es la protectora de los niños, especialmente de las niñas. Su carro es arrastrado por ciervos, que son sagrados para ella. Además, tiene varios perros de caza, regalos de Pan. Por lo tanto, un arco y una flecha en miniatura, representaciones de perros, ciervos y de la luna son excelentes opciones como ofrendas para Artemisa.

Atenea

Atenea es una diosa de la estrategia de guerra, la artesanía y la sabiduría. Como diosa de la sabiduría, los búhos son sagrados para ella. Como diosa de la guerra, las lanzas y los escudos también lo son. A menudo se la muestra con un casco. Cualquiera de estos objetos constituyen una buena ofrenda para Atenea.

Deméter

Deméter es la diosa del grano, la cosecha y la agricultura. Por lo tanto, las gavillas de trigo, los productos horneados, la cebada, la fruta y la verdura son ofrendas apropiadas. Además, los cerdos son sagrados para Deméter, por lo que el cerdo o cualquier representación de un cerdo son otras buenas opciones.

Dioniso

En muchos sentidos, Dioniso es lo opuesto a Apolo. Dioniso es el dios de las uvas, el vino, la vid, el éxtasis religioso, las emociones y el caos. A menudo se le muestra con piel de leopardo, por lo que cualquier representación de un leopardo es adecuada como ofrenda para él. Asimismo, todos los tipos de vino son apropiados, así como las hojas de parra y las uvas.

Eros

Eros es un travieso dios del amor y de la lujuria. Lleva un arco y una flecha, y se representa como un hombre joven. Cualquier cosa sensual es una buena ofrenda para él: perfumes, afrodisíacos, pinturas eróticas, vino, aceites esenciales de masaje, joyas. Obviamente, un arco y una flecha son apropiados como ofrenda.

Hécate

Hécate es conocida por apreciar cosas simples como las sobras. En la antigua Grecia, era común tener una pequeña caja fuera de la puerta donde se depositaban ofrendas de pan, sobras de pescado, ajo y otros alimentos que se dejaban para Hécate. No obstante, suele conocerse en especial por preferir el ajo. Los perros son sus animales, por lo que ofrecer representaciones de perros funciona bien. Entre sus símbolos hay llaves y antorchas que siempre la complacerán. Es una diosa liminal, por lo que es una excelente opción con la que trabajar siempre que necesites cruzar un límite.

Hera

Hera es la esposa de Zeus y la reina del cielo. También le gusta que se le llene la taza. Como reina, una corona es apropiada. Los pavos reales son sagrados para Hera, por lo que las plumas de pavo real, las figuras de este animal o cualquier objeto con un tema de pavo real son ofrendas adecuadas. Hera también es la diosa del matrimonio, motivo por el cual un símbolo de unión conyugal (por ejemplo, anillos, cordones de amarre de manos o un pastel de bodas) es adecuado.

Hermes

Hermes es un dios mensajero y un psicópata. Es el patrón de los comerciantes y viajeros, de los ladrones y de aquellos que necesitan ser elocuentes en su profesión. Lleva un caduceo y usa sandalias con alas y, a veces, un sombrero o casco con alas. Debido a su asociación con la elocuencia, cualquier representación de una lengua es una buena ofrenda, al igual que las plumas, las monedas o los billetes.

Hestia

Hestia es la diosa del hogar. Es una diosa del fuego. El pan casero horneado recientemente es una de sus ofrendas favoritas, al igual que un fuego pequeño. También aprecia cualquier representación de un burro, ya que una vez fue salvada del peligro por el rebuzno de un burro.

Iris

Iris es la diosa del arcoíris y la mensajera de Hera. También es la que llena las copas de los dioses. Por lo tanto, cualquier representación de un arcoíris es adecuada para Iris, al igual que una jarra.

Perséfone

Perséfone comenzó su vida como Kore, la diosa soltera de las flores. A medida que crecía en su adolescencia, buscó el sentido de su vida; quería algo más que hacer flores. Hades la llevó al Inframundo, donde se convirtió en su novia y en Perséfone, reina del inframundo. Se comió varias semillas de granada que la ataban al inframundo y, al mismo tiempo, le permitían salir a la superficie cada primavera para reunirse con su madre, Deméter. Todas las flores son sagradas para Perséfone y son buenas ofrendas. También lo son las granadas, las coronas elegantes y las hermosas joyas.

Poseidón

Poseidón es el dios del mar en el panteón griego. Además, es el dios de los terremotos. Lleva un tridente y se considera que creó los caballos.

El agua del océano es una gran ofrenda para Poseidón, lo mismo que la sal marina. Las algas marinas también son excelentes. Siempre aprecia un tridente.

Zeus

A Zeus le gusta tener la copa llena, así que el vino es una buena ofrenda. Es el rey de los dioses, por lo que cualquier cosa que simbolice la realeza, como una corona o un cetro, es apropiada. Todos los dioses griegos aprecian el laurel. La hoja de laurel seca está bien. Como Zeus es el dios del trueno en el panteón griego, las imágenes de rayos son una excelente ofrenda.

Los dioses hindúes

Las deidades hindúes, tal como se enumeran aquí, todavía son adoradas hoy en día en la India. Cuando se trabaja con dioses de una religión viva, siempre existe el riesgo de apropiación cultural o de ser acusado de apropiación cultural. Mientras vivía en la India, según mi experiencia, los hindúes se alegran cuando descubren que un occidental honra a sus dioses. Después de comprobar primero la idoneidad con familiares y amigos, he realizado rituales wiccanos trabajando con dioses hindúes y con participantes hindúes. No he tenido más que reacciones positivas. Si eres serio en tu estudio y honras de verdad a los dioses, estás en tierra firme.

Los dioses hindúes aprecian ir ataviados con hermosas prendas, recibir guirnaldas de flores, encender incienso y velas cerca de ellos o delante de ellos y recibir *ghee*, coco y fruta. Todos aprecian con gran honor que les laven los pies de su estatua con devoción.

Si planeas trabajar con una deidad hindú, primero haz una ofrenda al Señor Ganesh. Ganesh es el señor de todos los nuevos comienzos y el eliminador de obstáculos. Es adorado antes que cualquier otra deidad para eliminar cualquier cosa que pueda impedir la adoración exitosa del dios.

Brahma

Brahma es el dios creador, aunque ahora quede normalmente en segundo plano. Ollas de agua, cuencos para recibir limosnas, los Vedas, los rosarios, cucharas o cucharones para servir bebidas o sacrificios líquidos y los lotos son sagrados para él y constituyen excelentes ofrendas. Su medio de transporte (lo que monta) es un cisne.

Durga

Durga es una forma de Parvati. Durga es un guerrero y un demonio asesino que se monta en un tigre o un león. En la India, se le sacrifican cabras y búfalos. El *ghee*, el coco, las semillas de sésamo, la fruta (especialmente los plátanos), el azúcar, los dulces (cualquiera será muy apreciado, aunque se sabe que prefiere sobre todo los de color blanco), la leche y la miel son ofrendas tradicionales para Durga.

Kali

Kali es una forma de Durga y, por lo tanto, una forma de Parvati. Es una destructora de la ignorancia y del mal y suele bailar extasiada. Es una diosa de aspecto temible con una guirnalda de cabezas humanas alrededor del cuello y una falda de brazos humanos. Su lengua a menudo sobresale y sus ojos están inyectados de sangre. Sin embargo, especialmente en el noreste de la India, es considerada una diosa madre protectora e incluso cariñosa, Kali-Ma. Kali es la diosa con la que trabajar si tu ego se interpone en tu camino hacia el éxito. Kali aprecia las flores de hibisco, es golosa y le gusta el arroz cocido, las lentejas cocidas y el yogur.

Kamadeva

Kamadeva es el dios hindú del amor y la lujuria. Como su homólogo griego, Eros, lleva un arco y una flecha. Sus símbolos son las abejas, un loro y un cuco. Mango y una pasta de sándalo son algunos de sus favoritos. La pasta se puede encontrar lista para usar como producto de belleza.

Lakshmi

Lakshmi es la diosa de la buena fortuna, la prosperidad y la belleza. Lakshmi se siente atraída por limpiar las casas para dar prosperidad a sus habitantes. Prefiere los perfumes, los artículos elaborados con sándalo y los productos con azafrán.[2] Le gusta el oro y el color rosa.

Parvati

Parvati es la esposa de Shiva. Es la diosa del matrimonio estable y la familia. Le gustan las flores, especialmente las rojas, y también le atraen los brazaletes rojos y la tela roja.

Saraswati

Saraswati es la diosa de la sabiduría, el aprendizaje, el conocimiento y el arte, sobre todo la música. Los pavos reales, los cisnes y las flores de loto son sagrados para ella y son buenas ofrendas, al igual que los libros, el lápiz y el papel, los instrumentos musicales y los materiales de pintura. También aprecia las flores amarillas y cualquier cosa que contenga azafrán.

---

2. El sándalo cultivado de forma sostenible proviene de Australia. *(N. del T.)*

Shiva

Shiva es el destructor y el recreador. Si tienes creencias que limitan tu capacidad de éxito y necesitas destruirlas, trabajar con Shiva es perfecto. Por lo general, se le representa con una cobra, un *trishula* («tridente») y la primera franja de luna nueva. Se dice que le gustan los dulces elaborados con leche, así como una mezcla de yogur, leche, azúcar, manteca y miel. También prefiere el azafrán mezclado con leche.

Vishnú

Vishnú es el preservador. Lleva una caracola, un disco (rueda), una flor de loto y una maza. Una maza es una especie de martillo hecho de metal. Vishnú salva al mundo cuando está en peligro al descender a la tierra como un avatar mortal. Ha llegado como pez, tortuga o un galápago, un jabalí, un hombre león, un enano, cuatro hombres y un quinto hombre aún por llegar. Todos estos son símbolos suyos y constituyen buenas ofrendas. Su avatar de Krishna era muy aficionado al *ghee*, la mantequilla y la leche, por lo que también son excelentes ofrendas.

Hechizo para la prosperidad usando magia religiosa

Lakshmi es una diosa que trae prosperidad a quienes mantienen limpia su casa.

Este hechizo está constituido por dos partes. Por un lado, hay una ofrenda para ella en forma de limpiar un desastre en la casa para complacerla y, por otro, una solicitud para que le dé prosperidad.

Qué necesitas para este ejemplo:

© una foto o dibujo de una parte desordenada de tu casa: platos sucios, una cama sin hacer o algo similar;

- @ un cuadro o una estatua de Kamadhenu, la «vaca de la abundancia» hindú, u otra vaca;
- @ una fotografía o dibujo de la parte desordenada de tu casa después de haberla limpiado (tras haber fregado los platos, hecho la cama, etc.) con la imagen o estatua de Kamadhenu o vaca visible en el espacio limpio;
- @ una estatua, cuadro, dibujo u otra representación de la diosa Lakshmi;
- @ un brasero u otra forma de quemar uno de los cuadros de tela para presentar a la representación de Lakshmi. Una mesa o superficie horizontal sobre la que trabajar;
- @ alcohol isopropílico de alto porcentaje;
- @ sal de Epsom;
- @ cerillas largas.

Para prepararte y preparar tu espacio precisarás:

- @ aceites, hierbas o velas perfumadas que te conecten con la deidad y que apoyen la prosperidad;
- @ se sugiere usar canela, albahaca y clavo;
- @ si es posible, prendas para ti que sean rosas y doradas, o prendas con detalles dorados;
- @ incienso con olores dulces, como, por ejemplo, fruta o rosa;
- @ si está disponible, un candelabro con forma de loto;
- @ un paño limpio para la superficie de la mesa.

Toma una fotografía de un desastre en tu casa. Si está impecable (¡impresionante!), toma una foto de los platos sucios antes de fregarlos. Limpia el desorden y coloca un cuadro o una estatua de Kamadhenu (vaca sagrada de la abundancia, que aquí representa la prosperidad) o cualquier representación de una vaca en el espacio ahora limpio. Luego, toma una fotografía del área limpia con la vaca dentro. Imprime tanto la imagen del desorden como la del espacio limpio.

Limpia el espacio en el que vas a realizar el hechizo. Asegúrate de que esté ordenado.

Toma un baño preparatorio antes de continuar. La canela, la albahaca y el clavo son aceites y fragancias apropiados para este trabajo, ya que la canela te ayuda a conectarte con la deidad, y la albahaca y el clavo favorecen la prosperidad. Si sólo te duchas, puedes usar velas perfumadas mientras lo haces.

Si es posible, vístete de rosa con detalles en blanco y dorado para realizar el hechizo. A menudo se representa a Lakshmi vestida de rosa, por lo que se sabe que éste es un color que le gusta.

Para preparar tu espacio para lanzar el hechizo, prende un incienso con un olor dulce, como uno de rosas o de fruta, o enciende una vela perfumada. Si tienes un candelabro con forma de loto, úsalo. Las flores de loto son sagradas para Lakshmi y la complacerán. Un espray perfumado también funcionará. Es importante que tu hogar huela de manera agradable y acogedora.

En la superficie donde trabajarás, coloca un paño limpio y una estatua de Lakshmi; lo ideal es una figura de plata. Viste la estatua con un hermoso paño limpio envuelto como un sari. Si una estatua no es factible, usa una imagen de Lakshmi derramando monedas de oro sobre ella. Apoya el cuadro sobre un soporte en la superficie de trabajo para que el cuadro se levante y no se caiga.

A continuación, coloca la imagen del espacio limpio boca arriba sobre la superficie de trabajo frente a Lakshmi y pon la imagen del desastre boca abajo. No querrás que Lakshmi contemple el desastre. Debería ver sólo el espacio limpio.

Enciende un fuego pequeño en un brasero. Vierte alcohol con un alto porcentaje en alcohol isopropílico sobre la sal de Epsom y enciéndela con fósforos largos (como los que se emplean en la chimenea) para no correr el riesgo de quemarte los dedos (*véase* el capítulo 10 para saber cómo crear un fuego de esta manera). Arruga la foto que muestra el desorden y pronuncia las siguientes palabras:

Lakshmi, diosa de la prosperidad y la riqueza, tú a la que también se llama Sri, diosa de la belleza, la dama del loto, los elefantes y el oro, ¡ven a mí! Te honro; te adoro; te pido que compartas conmigo tu riqueza.

Lakshmi, mi casa está limpia. En tu honor, para complacerte, te rindo homenaje, quemo todo lo que está desordenado, caótico e impuro.

(Ahora, quema la imagen del desastre con el fuego del brasero).

En tu honor, adorándote con respeto, he limpiado mi casa y la he perfumado con dulces fragancias para que disfrutes.

Diosa de la abundancia y la prosperidad, te pido una bendición para que compartas tu riqueza conmigo, para que pueda tener todo lo que necesito y más de sobra y más que compartir.

Ahora toma la foto de la vaca en el espacio limpio y ordenado y sostenla frente a ti. Imagínate a la diosa Lakshmi frente a ti. Visualiza cómo pone sus manos en señal de bendición para ti y envía su energía divina a la coronilla de tu cabeza.

Atrae esa energía divina a través de la parte superior de tu cabeza. Envíala a tu corazón; luego, sácala a través de tu brazo proyectivo, de la foto o el dibujo, de la vaca de la foto o dibujo y hacia arriba a través de tu brazo receptivo mientras te concentras en la prosperidad en todas sus formas. Si eres diestro, el brazo derecho es el brazo proyectivo y el izquierdo es el receptivo. Si eres zurdo, tu brazo izquierdo es proyectivo y el derecho es receptivo.

Si estás sentado, ponte de pie ahora. Agita y mueve tu foto alegremente mientras cantas:

Mi casa ordenada y yo misma, acicalada,
Recibo a Lakshmi en mi morada.
Con ella este conjuro es efectivo,
Con creces mi objetivo.
Se me da lo que mi corazón desea,
¡hágase mi voluntad, que así sea!

Grita: «¡Sí, Lakshmi, me oyes! Por el mayor bien de todos, que así sea». Ahora libera a propósito la energía que has recopilado, es decir, envía tu hechizo al universo.

Luego, siéntate y respira hondo unas cuantas veces. ¡Y recuerda mantener limpia tu casa!

Para la cena para la prosperidad con magia religiosa

Necesitarás:

- © una mesa que se pueda preparar para una comida;
- © una mesa lo más elegante posible para los alimentos destinados a la deidad. Utiliza alimentos que sean los favoritos del dios o la diosa con la que hayas elegido trabajar;
- © una mesa y una comida para ti, si lo deseas.

Prepara una mesa para una deidad de la prosperidad. Debe ser lo más elegante y acogedora posible, con manjares conocidos por ser los favoritos del dios o la diosa que hayas elegido.

Habla en voz alta, invitando a la deidad. Asegúrate de llamarla por su nombre y con al menos dos atributos para que los dioses sepan que solo se está tratando con ellos. Ofréceles la comida y pídeles ayuda para alcanzar la prosperidad. Luego, despídete o siéntate con ellos durante algún tiempo y come tu propia comida. Sabrás que el dios ha llegado cuando sientas su presencia, no en el sentido físico, sino en el sentido espiritual y emocional. Es posible que te sientas eufórico, tranquilo y libre de ansiedad o inmensamente amado. Puedes sentirte asombrado y sorprendido. Es posible que sientas una fuerza interior que nunca antes sabías que tenías.

Deja que la comida para la deidad se quede fuera por la noche. Por la mañana, agradece al dios su presencia y coloca la comida donde los animales se la coman.

Combinar las leyes de la magia

Muchos de los que hacen magia combinarán su magia religiosa con la ley de la semejanza y la ley del contagio. Por lo tanto, utilizarán correspondencias, dibujos, visualizaciones y otros medios para superponer un hechizo de base religiosa. Además, la persona que practica la magia también puede añadir objetos físicos que hayan estado en contacto consigo mismo o con la persona para la que está creando el hechizo.

Cuando establezcas una meta, busca similitudes que puedas emplear. Si trabajas en un hechizo que te ayuda a sentirte firme y estable, podrías usar una imagen de un poste clavado en el suelo. Una foto, un dibujo o una descripción de un monje budista meditando, un monje cristiano rezando o un yogui hindú meditando también serían una buena similitud.

Piensa qué elementos podrías usar para aplicar la ley del contagio a una de tus metas. Como el objetivo es para ti, algunos mechones de cabello serían perfectos. Una advertencia: ¡el pelo huele mal si lo quemas!

Ética de la magia

Las acciones tienen consecuencias. Eso también se aplica a los hechizos y a la magia. En primer lugar, no es ético influir en el libre albedrío de otra persona. Con pocas excepciones, no es ético lanzar un hechizo sobre otra persona sin su consentimiento.

Usa sólo lo que aprendas en este libro con fines benévolos. Así practicas la magia del bienestar y sólo el bien acudirá a ti. La magia del bienestar es mágica para tu desarrollo espiritual personal o el de los demás o para manifestar aspectos positivos en tu vida o la de los demás. ¡Esto sí incluye la prosperidad!

Si usas este conocimiento para propósitos nefastos, realizas magia de la desgracia y, probablemente, no te gusten los resultados. La magia de la desgracia es exactamente lo que parece: magia para causar adversidades de cualquier tipo, incluso enfermedades, o la muerte, en la vida de otra persona.

Al final, todo se reduce a una palabra: ¡karma! Si interfieres con la vida de los demás, probablemente no te gusten las consecuencias cuando el karma interfiera en tu propia vida. Aquí utilizo el término «karma» de la manera en que se usa a menudo en Occidente, lo que significa que los efectos se producirán en esta vida.

Muchos hechiceros creen en la ley del tres: lo que envías se te devolverá tres veces. Por lo general, esto significa que volverá a ti en tres niveles diferentes. Envía positivo, recibe positivo en tres niveles. Envía lo negativo, recibe lo negativo en tres niveles.

Por lo general, primero recibes energía en el nivel físico, luego en el nivel mental y, finalmente, en el nivel espiritual. El retorno a nivel físico involucra su cuerpo, su salud o sus pertenencias. El retorno al nivel de la mente afecta a tu reputación, salud mental o cantidad de éxito en un emprendimiento actual. El retorno al nivel espiritual actúa sobre tu bienestar espiritual. Afecta a tu conexión con lo divino, con independencia de si tienes miedo a la muerte o comprendes el propósito de tu vida, o cuán tan activo eres en tu práctica religiosa personal, si la tienes.

Dicho esto, toda ética es situacional: puedes optar por protegerte a ti mismo y a tu familia porque, al final, el equilibrio kármico puede estar a tu favor si lo haces. Por ejemplo, si alguien está merodeando por el vecindario y robando mascotas y objetos de valor y, de alguna manera, ha logrado penetrar los escudos y la magia de protección que habías establecido, es perfectamente ético lanzar un hechizo para que la policía atrape a esta persona.

La mejor regla a seguir es «no dañar a nadie». Incluso «no dañar a nadie» es una ética situacional. Si, por arte de magia o de otro modo, pudieras salvar un continente entero de la hambruna y la enfermedad para siempre, pero una sola persona muriera en algún lugar de otro continente a causa de tu trabajo, ¿lo harías? Janet Farrar usó este ejemplo en un taller que le impartí a ella y a Gavin Bone hace varios años. Piénsalo.

Ejemplos de hechizos éticos

Siempre es ético que utilices magia para tu propio hijo pequeño. Del mismo modo que tienes el derecho de tomar decisiones médicas y de otro tipo por ellos, puedes hacer hechizos para ellos. Cuando el niño tenga la edad suficiente para entender si quiere el resultado o no, necesitas su consentimiento, al igual que con cualquier otra persona.

Siempre es ético que realices hechizos para tus mascotas y tu ganado. En esta sección, compartiré otros ejemplos de hechizos éticos.

Un hechizo para atraer el amor

Un hechizo para atraer el amor no interfiere en la voluntad de alguien en particular. Mejora tu amabilidad y tu capacidad de percibir el amor y aumenta la probabilidad de que alguien que conozcas se enamore de ti. (En el capítulo 9, hablaremos sobre cómo elaborar un tarro de miel precisamente para este propósito).

Un hechizo para ser mejor en las relaciones intergeneracionales

Este tipo de hechizo tampoco interfiere con la voluntad de nadie en particular. Mejora tu capacidad de comunicarte a través de las brechas generacionales y aumenta la probabilidad de que te lleves bien con personas de otras generaciones.

Enviar energía sanadora a alguien que la solicitó

Si alguien ha solicitado curación, por descontado, haz un hechizo curativo para esta persona. Lo han solicitado, lo quieren y tu hechizo aumentará sus probabilidades de sanación. ¡A por ello! Recuerda que tu magia siempre debe ir acompañada de atención médica, nunca debes usarla en su lugar. La magia en vez de la atención médica no sería ética, sino dañina y potencialmente ilegal.

Cualquier hechizo para una persona que lo haya pedido con motivo

Realizar un hechizo para otras personas que lo hayan solicitado, siempre y cuando sea dentro de lo razonable y el hechizo solicitado no interfiera con la voluntad de cualquier persona en particular es ético. A modo de advertencia: es mucho más seguro hacer magia con personas que conoces y cuya situación entiendes. Un extraño al azar puede pedirte que le hagas un hechizo que crea que es mejor para él en su situación actual, pero es posible que hubieras decidido hacer algo diferente si hubieras entendido mejor su situación.

Imagínate que una persona se acerca a ti y te pide que realices un hechizo que atraerá a alguien rico hacia ella para que sea su cónyuge. Si conocieras a la persona, sabrías que perdió su trabajo hace algún tiempo y que está desesperada por poner sus finanzas en orden. También que esta persona siempre tuvo un puesto bien remunerado y se ganaba su propio dinero. Podrías discutir con ella si no sería más adecuado un hechizo para un nuevo trabajo. Pero si no conoces a la persona, es posible que no puedas tener esa conversación. En ese caso, puedes seguir adelante y hacer el hechizo para atraer a alguien rico para que sea su cónyuge, sólo para que la persona acabe contrayendo matrimonio con un cónyuge acaudalado, pero que esté increíblemente aburrida e infeliz sin un trabajo satisfactorio.

Ejemplos de hechizos poco éticos

Cualquier hechizo que interfiera con el libre albedrío de alguien no es ético. Los siguientes son ejemplos de hechizos poco éticos:

Un hechizo para hacer que alguien como tú sea mejor o que salve la brecha entre ti y otros

Si tienes una relación difícil con un miembro de la familia, por ejemplo, podrías pensar en lanzar un hechizo para que esta persona piense de manera más positiva de ti. No lo hagas. Ése sería un ejemplo perfecto de cómo interferir con el libre albedrío de otra persona. Este tipo de hechizos no es ético, así que déjalo. En cambio, trabaja en reparar la relación cara a cara.

Enviar energía sanadora a alguien que no lo ha solicitado

Enviar sanación a alguien que no lo ha solicitado nos lleva a un ejemplo que me enseñaron cuando era bruja en prácticas. Era la historia de dos personas, la tía Milda y el tío Hyland.

La tía Milda estaba en el hospital. Estaba casada con el tío Hyland, y, sin que tú lo supieras, el tío Hyland había estado abusando emocionalmente de la tía Milda. La tía Milda quería permanecer en el matrimonio por sus propios motivos, pero estaba agotada. Unos días en el hospital le daban un respiro y la oportunidad de recuperar su energía. No quería acelerar su curación física y que su médico le diese el alta antes de lo necesario; realmente no lo quería. ¡En este caso, no envíes sanación a la tía Milda a menos que te lo haya pedido!

CLARIDAD DE LAS INTENCIONES

Al escribir un hechizo, la claridad de las intenciones es de suma importancia. Un ejemplo típico de un hechizo que salió mal es la persona que hizo un hechizo pidiendo 750 euros y, luego, recibe un cheque de reembolso de 750 euros por las facturas médicas que había pagado antes. El hechizo funcionó, pero no de la forma en que pretendía que lo hiciera. Peor aún, ¿qué pasaría si el cheque fuera la herencia de tu pariente favorito, que falleció justo después de que hicieras tu hechizo? Eso no es lo que esperabas que sucediera. Hay muchísimos motivos por los que un hechizo sale mal, pero todos comparten una característica: los hechizos son demasiado generales. Ser muy específico es mucho más seguro.

Por lo tanto, si eres vendedor de alfombras, por ejemplo, tu hechizo debería ser algo así como: «Obtendré 1000 euros en ganancias la próxima semana vendiendo alfombras. Por el mayor bien de todos, que así sea». Cuando hagas un trabajo de magia relacionado con el dinero, busca una manera de ganar dinero que sea apropiada para ti. Hacer un hechizo con la consigna de «Gano la lotería» raras veces es efectivo. Hay tantas personas que realizan ese mismo hechizo en el universo, aunque de maneras diferentes, que el universo no puede hacer que todos se hagan realidad a la vez. Recuerda que la magia no son milagros. La magia hace que lo posible sea probable. Así que un hechizo que diga «yo gano la lotería» aumentará sólo tus posibilidades de ganar. Sólo puede mover la aguja de la probabilidad un poco más hacia ti, pero no garantizará que ganes.

Positivo y presente

Escribe siempre un hechizo en positivo y en presente.

«No comeré más plátanos a partir de mañana» no es un hechizo adecuado. Primero, el mañana nunca llega. Hoy es siempre y para siempre. Cuando te despiertes mañana, sigue siendo tu hoy. Un hechizo que afecte al mañana, por lo tanto, siempre tendrá su efecto en el futuro. Hoy no cambiará nada, por lo que nunca entrará en vigor. Por lo tanto, el ajuste número uno sería reescribir el hechizo en presente, poniendo «No como plátanos». Sin embargo, ése todavía no es un buen hechizo porque el universo no es bueno para entender las palabras «no» o «nunca».

Por favor, no pienses en un plátano con una gorra de béisbol roja y esquiando en una carrera de eslalon.

Si inmediatamente te has imaginado a un plátano esquiando en una carrera de eslalon con una gorra de béisbol roja, eres como el universo.

Por lo tanto, el siguiente ajuste es reescribir el hechizo para que diga: «Elimino los plátanos de mi dieta». Esto ya es mejor, aunque sigue mencionando a los plátanos. El hechizo sigue enfocado en lo incorrecto. Modifica el hechizo para incluir una lista de la fruta que te gustaría comer en lugar de los plátanos: «La fruta que como son principalmente manzanas, naranjas, mangos, guayabas y peras».

Ejercicio: afirmaciones

Necesitarás:

@ lápiz y papel;

@ un lugar donde trabajar sin interrupciones.

Practica lo que has aprendido escribiendo una afirmación sobre cómo quieres que sea tu vida. Escríbela en positivo y en presente. Es una meta, y el hechizo consiste en manifestar un objetivo de algún tipo. Éstos son algunos ejemplos:

@ Tengo una casa, comida en la mesa y un vehículo seguro.

@ Tengo un empleo con un salario que satisface mis necesidades y tengo suficiente dinero de sobra para cubrir mis caprichos.

@ Tengo buenos amigos cercanos.

@ Mi vida sexual es estupenda.

@ Encuentro alegría en mi vida.

@ Establezco límites adecuados.

@ Me amo y soy digno de ser amado.

Anota la afirmación en una hoja de papel y pronúnciala en voz alta todas las mañanas. Si tienes poco tiempo por la mañana, forra el papel y cuélgalo en la ducha. Cada vez que digas tu afirmación, visualízala como si ya fuera real y manifiesta.

Crear tu objetivo

Las afirmaciones son el comienzo del trabajo con hechizos. Cuando escribes un hechizo, declaras el objetivo que quieres manifestar en forma de afirmación y, luego, superpones la magia usando la ley de semejanza, la ley del contagio y otros métodos de los que hablaremos más adelante. Muchos de los que practican la magia usan la palabra «intento» o «intención» cuando se refieren al objetivo de un hechizo.

En el área de la gestión de proyectos o en otros lugares es posible que hayas encontrado el concepto de objetivos SMART. Este concepto es igualmente importante en el trabajo de hechizos. Elige objetivos SMART cuyas manifestaciones pretendes apoyar con tu magia.

- @ Ya hemos hablado de lo que significa S: específico (del inglés *specific*).
- @ La M significa mensurable. Necesitas tener una forma para saber cuándo has manifestado tu objetivo. El ejemplo anterior de ventas de alfombras por valor de 1000 euros es bueno; este objetivo es mensurable.
- @ La A es de alineado o, en algunas variantes, alcanzable o realizable. La siguiente sección aborda ese aspecto al examinar si tu ecosistema está alineado con tu objetivo.
- @ La R significa razonable, relevante o realista. El objetivo tiene que ser posible y razonable para que el hechizo lo haga probable.
- @ La T está por tiempo oportuno. Debe ser posible que el objetivo se manifieste antes de que sea irrelevante. Discutiremos esto un poco más adelante en el capítulo.

Ejercicio: crear objetivos

Necesitarás:
- @ lápiz y papel;
- @ un lugar donde trabajar sin interrupciones.

Consulta la lista de afirmaciones del ejercicio anterior. ¿Cada uno está en lo positivo y en el presente? ¿Cada afirmación es específica, medible, razonable, relevante y realista? (Tratarás el tema de alcanzable y tiempo oportuno en un ejercicio posterior).

Toma tus afirmaciones y conviértelas en metas SM (A) R (T). Trabajarás con estos objetivos en los siguientes ejercicios si superan la prueba de la siguiente sección.

Si necesitas añadir objetivos adicionales, aquí tienes algunas ideas para empezar:

- ¿Qué precisas para sentirte seguro y protegido?
- ¿En qué tipo de lugar quieres vivir?
- ¿Qué tipo de prosperidad deseas?
- ¿Qué te trae alegría en la vida?
- ¿Qué necesitas para estar satisfecho física y emocionalmente?
- ¿Qué límites quieres establecer?
- ¿Qué nivel de ambición buscas?
- ¿Qué precisas para amarte a ti mismo?
- ¿Cómo deseas comunicarte?
- ¿Qué quieres aprender y entender?
- ¿Cómo deseas que sea tu vida espiritual?

ASEGURARSE UN HECHIZO EXITOSO

Ahora que tienes una lista de objetivos, es hora de hacerte algunas preguntas. Tienes que estar totalmente empeñado en manifestar un objetivo en particular para que tu hechizo tenga éxito. Debes pensar si tienes lo que se necesita para alcanzar tu objetivo o si necesitas adquirir nuevos recursos, habilidades o conocimientos. Debes comprender las consecuencias dañinas que puedan resultar de la manifestación del objetivo. Puedes empezar a responder a estas preguntas realizando el siguiente ejercicio.

Ejercicio: Revisa el ecosistema

Ahora es el momento de asegurarte de que tus objetivos están alineados.

Necesitarás:
- @ la lista de objetivos que creaste en el ejercicio anterior;
- @ lápiz y papel;
- @ un lugar donde trabajar sin interrupciones.

Para cada uno de tus objetivos, hazte las siguientes preguntas. Piensa detenidamente antes de responderlas y sé honesto con tus respuestas. Esta parte de la preparación para el trabajo de hechizos puede llevar días o semanas.

- @ Si el objetivo que tengo en mente se manifestara, ¿habría consecuencias negativas? ¿Nada en absoluto? ¿Hay alguna forma de mitigar las consecuencias negativas? Si no es así, ¿realmente quiero continuar?
- @ ¿Están mis familiares, amigos y otros sistemas de apoyo a favor de este objetivo? Si no es así, ¿cómo puedo cambiarlo? Si no están a favor, ¿por qué no lo están? ¿Cómo les afecta la manifestación de este objetivo? ¿Creen que es posible o que es inútil? ¿Qué necesitarían para que aceptaran mi objetivo? ¿Estoy dispuesto a seguir adelante con este objetivo, aunque pueda privarme de mi sistema de apoyo actual? ¿Existe otro sistema de soporte en el que pueda confiar?
- @ ¿Hay algo en mi hogar, trabajo, escuela, etc., que deba cambiar para manifestar este objetivo? Si es así, ¿cómo lo haré? ¿Estoy dispuesto a hacerlo? ¿Hay alguna consecuencia adversa por realizar esos cambios? Si es así, ¿puedo mitigar esas consecuencias negativas?
- @ ¿Qué recursos se necesitan para manifestar este objetivo? ¿Los tengo? Si no es así, ¿cómo los adquiriré?

- ¿Tengo que renunciar a algo para manifestar este objetivo? ¿Estoy dispuesto a hacerlo?
- ¿Es mi comportamiento coherente con la manifestación de este objetivo? ¿Tengo que cambiar algo en mi forma de actuar para que se manifieste este objetivo? Si es así, ¿cómo voy a hacerlo? ¿Qué tengo que hacer?
- ¿Qué habilidades se necesitan para manifestar este objetivo? ¿Necesito habilidades adicionales para que se manifieste este objetivo? Si es así, ¿cómo las adquiriré? ¿Estas otras habilidades están relacionadas con algún cambio de comportamiento que sea necesario?
- ¿Por qué quiero manifestar este objetivo? ¿Hay algún valor real para mí en manifestar este objetivo? ¿Por qué creo que es útil manifestar este objetivo? ¿Creo que manifestar este objetivo es para el mayor bien de todos? ¿Estoy motivado para manifestar este objetivo? ¿Creo firmemente que puedo tomar las medidas necesarias para manifestar este objetivo? Si no es así, ¿qué debo hacer para estar seguro de que puedo hacerlo?
- ¿Cuál es mi razón para existir en esta vida? ¿Manifestar este objetivo se ajusta a mi razón de existir? ¿Manifestar este objetivo es coherente con mi espiritualidad? ¿Me conectará más estrechamente con la deidad? ¿Tiene que hacerlo?

Si consideras que alguno de tus objetivos necesita modificarse o debe reemplazarse después de responder a las preguntas de la evaluación, asegúrate de hacerlo.

Debes tener una intención buena y sólidamente documentada para continuar con la construcción de un hechizo.

Puedes resaltar este ejercicio para poder volver a estas preguntas en el futuro. Antes de realizar cualquier hechizo para un propósito específico, siempre debes hacerte las mismas preguntas.

Uso de la adivinación

El último paso para asegurarse de que es prudente proceder con un hechizo suele ser realizar una adivinación. Puede ser tan sencillo como un sorteo del tarot de una carta, planteándose la pregunta: «¿Cuál será el resultado de realizar este hechizo?» o «¿Debo lanzar este hechizo?». Presta atención a la respuesta. Si consigues el Tres de Espadas, tienes que repensarte qué estás planificando. O, en lugar de sacar una carta del tarot, puedes sacar una runa o usar otro sistema de adivinación con el que estés familiarizado.

Si no utilizas ningún sistema de adivinación, pídele a un amigo que te haga una lectura o medita sobre la idoneidad de tu objetivo y afronta lo que te viene. Para una meditación, puedes consultar las preguntas sobre el ecosistema y pensar en tus respuestas una por una. Cierra los ojos, respira profundamente y busca en tus sentimientos más íntimos la respuesta que diste.

Si trabajas con una deidad, puedes preguntarle a la divinidad si debes lanzar el hechizo y, luego, escuchar para recibir una respuesta.

Colocación en un momento determinado

Determinar cuándo debe manifestarse tu objetivo es una parte integral del proceso. Primero, investiga cómo ves el tiempo. Lo digo literalmente. Piensa en cuando te levantaste de la cama esta mañana. ¿Dónde, en el tiempo, ocurrió eso? ¿Está detrás de ti? ¿Está directamente a tu izquierda? ¿Delante de ti, a tu izquierda? ¿Delante de ti, a la derecha? ¿Está debajo de ti? ¿Por encima de ti? ¿En algún otro sitio?

Retrocede más, digamos a tu cumpleaños más reciente. ¿En qué momento se encuentra?

Vuelve a un evento de la escuela secundaria, tal vez al baile de graduación o a otra ocasión importante. ¿Dónde está ubicado?

Ahora, piensa en algo que aún no haya sucedido. ¿Cuándo volverás a cepillarte los dientes? ¿Dónde se encuentra eso en el tiempo? ¿Qué hay de tu próximo cumpleaños?

Luego, establece en qué punto de la línea temporal se encuentra ahora mismo.

Ahora, lo que has logrado es establecer tu cronograma personal: tu visión del tiempo. Para algunas personas, el tiempo es una línea recta. Para otras, en cambio, se curva. Para ciertas personas es una espiral. No importa cuál sea la forma, siempre y cuando sepas dónde está el pasado, dónde se encuentra el presente y dónde se halla el futuro.

Ejercicio: cronología

Necesitarás:

- @ tu lista de objetivos;
- @ un área libre de obstáculos para que puedas caminar al menos tres metros en cualquier dirección desde donde estás parado;

Elige uno de los objetivos que has establecido. Visualiza el cronograma que has creado en el suelo frente a ti. Dirígete al lugar de la línea temporal que es tu «ahora» caminando físicamente con tu cuerpo hasta ese punto de la línea temporal prevista y, luego, gira tu cuerpo hacia la dirección en la que descubriste que está el futuro.

Ahora imagínate tu objetivo ya manifestado en el plano físico, con todos los colores, sonidos, olores, sabores y sentimientos que se asocian a ese objetivo cuando se manifieste. Camina con tu objetivo en dirección al futuro. Sentirás dónde debes colocar tu objetivo en el cronograma. Puede ser un punto diferente al que esperabas al principio. Visualiza tu objetivo como se manifiesta en este punto de la línea temporal y permanece ahí un instante; puedes mirar hacia el futuro o el presente en este momento. Disfruta de la victoria de tu objetivo manifestándose. Visualiza lo que verás, escucha lo que vas a oír, huele lo que vas a oler y siente lo que sentirás cuando tu objetivo se haga realidad. ¡Vive el momento! ¡Siente la alegría!

Con tu objetivo ubicado en el lugar adecuado de la línea temporal, crea un enlace a él. Éste puede ser una visualización de un hilo plateado o cualquier cosa que te mantenga conectado permanentemente con la meta. Luego mira hacia el presente. Observa lo que acaba de preceder a la manifestación del objetivo. Pregúntate: *¿cuál fue el último paso?*

Entonces da un paso hacia el presente en tu línea temporal y pregúntate: *¿cuál fue la acción justo antes de ese último paso?* Deja tu objetivo donde pertenece en la línea temporal y comienza lentamente a caminar por la línea temporal de regreso al presente. Asegúrate de que tu conexión con la meta se mantenga sólida cuando regreses. Toma nota con atención de todos los pasos que has tomado, de todo lo que has hecho en el camino, para manifestar tu objetivo. Cuando regreses al presente, anota todos los pasos que viste. Utilizarás esta técnica como parte de un hechizo del capítulo 14.

Respira hondo y mira de nuevo en qué punto de tu cronograma se encuentra el objetivo. ¿El objetivo sigue siendo relevante en ese momento? Si no es así, repiénsalo.

Capítulo 3

MOMENTO MÁGICO

Saber cuándo lanzar un hechizo es vital para su éxito. Cuanto mejor estén alineadas las estrellas para apoyar tu objetivo, mejores serán las capas de la magia y más condiciones habrá en tu favor.

Este capítulo te enseñará cómo usar el sol, la luna y los planetas para determinar cuándo es el mejor momento para lanzar tu hechizo y cómo usar su poder para mejorar tu trabajo con hechizos.

SINCRONIZACIÓN LUNAR

Las comunidades científica y mágica usan nombres ligeramente diferentes para las fases de la luna.

Conocer ambos conjuntos de términos te ayudará cuando leas sobre este satélite.

Forma de la luna	Nombre mágico (común)	Nombre astronómico
●	Luna negra	Luna nueva
◐	Luna nueva	Luna creciente
◑	Cuarto creciente	Cuarto creciente
◐	Gibosa creciente	Gibosa creciente
○	Luna llena	Luna llena
○	Luna en diseminación	Luna gibosa menguante
◐	Último cuarto	Cuarto menguante
◐	Luna balsámica	Luna menguante

La luna negra sale y se pone aproximadamente a la misma hora y en el mismo lugar que el sol. Sí, siempre lo hace. A partir de ese momento, la luna sale y se pone cada vez más tarde hasta que, cuando hay luna llena, ¡sale por la tarde y se pone por la mañana!

Para dar una idea aproximada, la luna sale por el este y se pone por el oeste, ya que, dependiendo de dónde y en qué época del año te encuentres, es posible que esto no tenga lugar exactamente en el este y el oeste. La mejor manera de asegurarte de que puedas ver la puesta de la luna es mirar hacia el oeste, teniendo una vista clara hacia el oeste, el suroeste y el noroeste.

Fase lunar	Salida de la luna	Puesta de la luna
Luna negra	amanecer	atardecer
Cuarto creciente	mediodía	medianoche
Luna llena	atardecer	amanecer
Luna menguante	medianoche	mediodía

Como ya habrás adivinado, se recomienda hacer diversos tipos de magia durante las distintas fases lunares. Debido a que la energía es diferente en cada fase, lo que puedes lograr también lo es. Los siguientes apartados explicarán las fases lunares y los tipos de magia con los que se correspondan.

Luna negra

La luna negra es oscura y silenciosa, y anticipa silenciosamente la luna nueva. Si sientes que necesitas dar un paso atrás por un momento y practicar la introspección, la luna negra es el momento perfecto para una retirada temporal. Si necesitas formular nuevas metas, decántate por la luna negra como momento para hacerlo. Es también un buen momento para planear *actuar de acuerdo con* lo que se quiere lograr. Si estás preparado para actuar, ¡espera! No actúes durante la luna negra, ya que es un momento en el que las emociones pueden aumentar. En su lugar, hazte las preguntas del capítulo 2 llamado «Revisa el ecosistema».

Éste es el momento de hacer magia que tiene como objetivo aclarar tus intenciones y metas, y es la que bendice tus sueños y metas. Una forma de hacerlo es realizar una adivinación para determinar qué magia necesitas para que tu hechizo funcione. Si piensas que es una falta de claridad, no te preocupes. Es normal, algunas cosas se te ocultan durante la luna negra. Medita para encontrar la claridad que tengas disponible ahora, luego espera hasta más adelante en el ciclo lunar para obtener más información.

Si no realizaste un trabajo retrospectivo durante la luna balsámica que precede a la luna negra, esta última también es un excelente momento para hacerlo.

Luna nueva

La luna nueva es sólo un hilo de luz en el cielo. Aporta una sensación de entusiasmo y anticipación de algo nuevo y fresco que está por venir. ¡La luna nueva es el momento de manifestarse! La luna ha pasado de la nada a algo; eso es lo que se quiere para las manifestaciones. Todas las fases de crecimiento funcionan para manifestarse, pero esta fase, el Arco de Diana, el Arco de Artemisa, es la más fuerte.

La luna nueva es un momento para comprometerte con tus objetivos. ¡Prepárate para empezar! Si tienes un proyecto emergente, éste es el momento de hacer magia para que se consolide y los planes se hagan realidad. Si has hecho planes para *actuar de acuerdo con* tus objetivos y necesitas reunir recursos para poner en práctica tu estrategia, durante la luna nueva puedes reunir los recursos. ¡Emociónate con el proyecto en el que estás a punto de embarcarte! Haz magia para manifestar los recursos necesarios para tus propósitos.

Sal y muestra cortesía o haz una reverencia ante la luna nueva. Expresa tres objetivos. Verbalizarlos es una magia tradicional y sencilla.

Cuarto creciente

La luna está a medio camino de convertirse en luna llena. El cuarto creciente es una buena fase para tomar medidas y empezar a ejecutar tu plan para *actuar de acuerdo con* tu objetivo.

Esta fase es un momento excelente para trabajar con deidades que apoyan nuevos emprendimientos. Una buena opción es Ganesh, el eliminador de obstáculos y el señor de todos los comienzos. Haz magia para disipar los obstáculos que te impidan manifestar tu objetivo. Además, practica magia para bendecir los nuevos comienzos. Si tienes un proyecto que ya ha comenzado pero necesita un impulso, el cuarto creciente es el momento de hacer magia para que prospere.

Luna gibosa creciente

La luna está casi llena. Si tienes un proyecto que parece haberse estancado, un proyecto que casi tiene éxito, pero que se ha topado con algunos desafíos de última hora, éste es el instante de hacer magia para que se desencalle y desarrolle todo su potencial. Es el momento de hacer magia para que los proyectos tengan lugar con éxito.

Si trabajas para *actuar de acuerdo con* un objetivo con el fin de alcanzar una meta y te preguntas si tu plan funciona, evalúa tu situación en la fase de una luna gibosa. Si tu plan no funciona, éste es un buen momento para revisarlo. Haz magia para respaldar cualquier cambio en tus planes.

Luna llena

La luna está en su máximo esplendor. Si tienes un proyecto exitoso, éste es el momento de celebrar y dar las gracias a la luna. Todavía no piensas en culminar tu objetivo, sólo en que has logrado lo que te propusiste hacer.

La luna llena brilla con toda su fuerza sobre ti. Todo está iluminado, no hay nada en la sombra. Eso significa que ahora puedes obtener una claridad total, puesto que ya no hay nada oculto. Si te preguntas si deberías modificar el objetivo en el que estás trabajando, hazlo durante la luna llena. Plantéate de nuevo todas las preguntas del apartado «Revisa el ecosistema». Además, asegúrate de comprobar tu plan para *actuar de acuerdo con* tu meta. La luna llena es otro buen momento para evaluar el plan y asegurarte de que tienes todos los recursos que necesitas. Cuando todo esté en orden, pon TODA tu energía en el plan bajo la luna llena. ¡Éste es el momento para la acción, el movimiento, el baile y la alegría sin límite!

Haz adivinaciones mirando la luna llena reflejada en un espejo de adivinación o en un recipiente con agua quieta, con o sin aceite en la superficie.

Luna en diseminación (luna gibosa menguante)

La luna ha empezado a encogerse. La luna gibosa menguante es un momento de destierros, aunque los destierros importantes pueden esperar hasta justo antes de la luna negra. Además, fíjate en la palabra *diseminar*; diseminar significa esparcir ampliamente. Considera si tienes algo que puedas o necesites compartir con otras personas.

Si has aprendido algo de lo que has hecho recientemente, éste es el momento de documentar tus nuevos conocimientos. Si estás pensando en retribuir a la comunidad o en hacer de voluntario, utiliza la luna gibosa menguante para programar el comienzo de tu iniciativa. Si planeas pronunciar una conferencia, participar en un programa de radio o televisión o dirigir un taller, la luna gibosa menguante es el momento ideal para ello.

Cuarto menguante

La luna está a medio camino de desaparecer. Ahora es el mejor momento para realizar una evaluación retrospectiva de cómo ha ido tu trabajo reciente.

Cuando tu trabajo de *actuar de acuerdo con* tu objetivo esté a punto de terminar, prepárate para empezar con la culminación de tu trabajo en el cuarto menguante de la fase lunar. Asegúrate de saber lo que te queda por hacer para tener éxito y de documentar todos los aprendizajes. Si hay cosas que podrían haber ido mejor, debes aprovechar esta oportunidad para aprender a fin de obtener mejores resultados en el futuro.

El cuarto menguante es un excelente momento para hacer magia con el fin de analizar los planes finalizados y maximizar con éxito tu aprendizaje.

Luna balsámica (luna menguante)

La luna casi se ha ido. Sólo queda un rayo de luz en el cielo. La palabra *balsámico* significa sanador, restaurativo o curativo. La luna balsámica es el momento de hacer un destierro importante y significativo o efectuar hechizos de sanación. Es cuando la luna está a punto de pasar de algo a nada, que es precisamente lo que quieres cuando necesitas que algo desaparezca.

La luna balsámica es un excelente momento para hacer magia y dejar atrás los lazos emocionales que ya no te sirven, los malos hábitos y cualquier cosa que necesite salir de tu vida. Si padeces algún tipo de adicción, el momento de abordarla con magia es bajo la luna balsámica. Asimismo, esta fase lunar es también el momento de iniciar un programa de recuperación. Éste es el momento de hacer hechizos que te ayuden a dejarte llevar, así como para curar viejas heridas. También es un buen instante para hacer magia sanadora en general; aprovecha las propiedades curativas y sanadoras de esta fase.

Sincronización astrológica

La sincronización astrológica se basa en las estrellas y planetas observados en el cielo. Si eres nuevo en astrología, te recomiendo el libro sobre astrología de Kevin Burk *Astrology: Understanding the Birth Chart* («Astrología: comprender la carta natal»). La página web www.astro.com es una excelente fuente de información, al igual que cafeastrology.com. Todo lo anterior comienza con la carta astral o natal, que se basa en dónde y cuándo ha nacido una persona. La información astrológica sobre signos y casas también es aplicable para determinar si un momento dado es adecuado para hacer un tipo particular de magia, que es nuestro objetivo aquí.

Para entender el tiempo astrológico, primero observa dónde está el sol. El sol recorre los doce signos del zodíaco una vez al año, por lo que no siempre es práctico esperar para hacer magia hasta que el sol se halle en el signo que más apoye tu hechizo. Si puedes encontrar apoyo para una meta en la que estás trabajando en el signo zodiacal en el que se encuentra el sol en ese momento, asegúrate de incluir esto en tu trabajo. Puedes añadirlo sólo mencionándolo o dibujando el sol y el símbolo del signo del zodíaco.

Asimismo, deberías ver dónde están la luna y los planetas antes de hacer magia, ya que también tienen correspondencias. Compra un calendario astrológico o busca una carta astrológica gratuita en línea. Es posible obtener esta información a través de aplicaciones para el móvil.

Los calendarios astrológicos te dirán en qué signo y casa (o sección del cielo) se encuentra el sol en un determinado momento, así como en qué signo astrológico se hallan en ese momento la luna y los demás planetas. La siguiente tabla comparte algunas correspondencias planetarias.

Cuerpo planetario	Símbolo	Características: lo que hace el planeta
Sol	☉	Proporciona propósito y poder. Define nuestro propósito más obvio de la vida. Se aprovecha del momento. Se centra en el presente, el aquí y el ahora. Se muestra al mundo. Refuerza el ego, a veces hasta de manera exagerada. Representa el yo exterior, lo que es visible.
Luna	☽	Proporciona intuición y habilidades psíquicas. Representa el yo interior, lo que está oculto. Nutre. Se abre al reino astral. Intuye. Recuerda. Puede causar llanto y reacciones emocionales exageradas.
Mercurio	☿	Comunica. Articula. Piensa. Crea ideas. Categoriza y ordena. Se centra en detalles; a veces se pierde la visión global.
Venus	♀	Manifiesta recursos. Crea belleza. Se relaciona y ama. Crea armonía.
Marte	♂	Entra en acción. Domina la ira (¡o no!). Afirma y, si es limitado, lucha. Despierta el guerrero. Personifica la ambición. Da impulso y energía. Se centra. Hace/es todo hacer.

Cuerpo planetario	Símbolo	Características: lo que hace el planeta
Júpiter	♃	¡Expande! Provoca expansión. Ve las posibilidades. Personifica la abundancia. Manifiesta posibilidades en la realidad. Trae buena suerte. Confía y tiene esperanza. Provoca generosidad. Te recuerda que debes estar agradecido. Gestiona el riesgo. Filosofa y gestiona las creencias religiosas, la moral y los valores sociales. Destaca el honor en todas las acciones. Crea la diversión, el optimismo y el éxito. Causa exceso de optimismo al hacer que todo se vea de color rosa.
Saturno	♄	Crea reglas y normas. Centra la atención en la responsabilidad. Establece la estructura. Crea confines. Limita. Mejora la autodisciplina. Es severo. Representa la autoridad. Da lecciones. Supera obstáculos. Favorece los logros duraderos. Puede provocar miedo.
Urano	♅	Provoca cambios, ya que es siempre el agente del cambio. Crea y apoya inventos. Apoya la rebelión. Piensa de manera innovadora. Es impredecible y provoca inestabilidad en los sistemas. Representa la ciencia y el genio. Es excéntrico y hace cosas inesperadas. Puede ser revolucionario.
Neptuno	♆	Inspira. Aporta espiritualidad y puede llevar a las personas a soñar. Potencia la magia. Fortalece la intuición. Se mueve hacia delante mediante la evolución en lugar de la revolución. Engaña con la mentira. Engaña y burla a través de la ilusión.

Cuerpo planetario	Símbolo	Características: lo que hace el planeta
Plutón	♇	Provoca transformación. Fuerza el ciclo de la muerte y el renacimiento. Provoca destrucción. Alienta, pero también elimina los vicios. Permite dejar ir. Atrae prosperidad. Mantiene sus pensamientos centrados en el sexo. Puede provocar desentrañar y deshacer.

A continuación se mencionan algunas correspondencias para los signos astrológicos.

Signo astrológico	Símbolo	Características: cómo el signo provoca la acción del planeta
Aries	♈	Todo gira en torno a la acción. Provoca acciones impulsivas centradas en uno mismo. Crea vida nueva. Lleva o va en su propia dirección. Se centra en la identidad. Se centra en el principio y el modo de empezar. Se enfada fácilmente. Se olvida de que hay otros. Representa coraje, pasión y fervor. Es el pionero. Puede resumirse como «¡Aquí voy, fuera de mi camino!». Todo gira en torno al ser y el hacer.

Signo astrológico	Símbolo	Características: cómo el signo provoca la acción del planeta
Tauro	♉	Muestra una gran persistencia. Le gustan las manualidades. Está ligado al cuerpo físico. Puede ser testarudo. Le gusta embellecer. Es sensual. Le gusta dar y recibir contacto físico. Garantiza y se preocupa por la sostenibilidad. Reúne y valora posesiones. Es práctico. Tiene muchísima resistencia y determinación, así como paciencia. Muestra estabilidad y está bien conectado a tierra. Se centra en las cosas materiales. Promueve un crecimiento lento pero constante. Lleva un registro de los activos. Se puede escuchar diciendo: «¡No hagas cambios demasiado rápido!».
Géminis	♊	Ve las dos caras de la moneda. Conecta los opuestos. Profundiza en la abstracción y el análisis de temas intelectuales. Apoya la sanación de la salud mental. Ayuda a crear conciencia. Impulsa la flexibilidad y el cambio. Imparte comprensión del mundo que nos rodea. Inspira curiosidad e indagación. Le encanta la exploración. Es juguetón. Puede ir a gran velocidad. Parece estar desenfocado. Todo gira en torno a la comunicación y le encanta hablar con todos y cada uno:«Hola, déjame que te cuente!».

Signo astrológico	Símbolo	Características: cómo el signo provoca la acción del planeta
Cáncer	♋	Las tres cosas más importantes son las emociones, las emociones y más emociones. Todas las sensaciones. Protege a las personas y el hogar. Proporciona una sensación de seguridad y protección. Es subjetivo. Antepone la emoción a la mente. Carece de perspectiva intelectual. Se identifica con las emociones, no con los pensamientos. Se centra en la familia. Es intuitivo y psíquico. Es sensible y nutritivo. Brinda seguridad emocional.
Leo	♌	Es majestuoso. Es egocéntrico pero abierto. Está despierto y consciente. Tiene una personalidad expansiva. Necesita sentirse especial y ser validado por otros. Es cálido y generoso, y esto a veces es a causa de una necesidad de aprobación. Toma la delantera. Le encanta la juerga. Está lleno de confianza. Lo hace todo con un toque especial. Busca atención y quiere estar en el centro de todo.

Signo astrológico	Símbolo	Características: cómo el signo provoca la acción del planeta
Virgo	♍	Es el epítome de la pureza. Siempre está al servicio de los demás. Valora y consigue el orden. Provoca la realización de las cosas terrenales, como cosechar. Aporta salud. Es muy detallista. Siente que «¡todo está en los detalles!». Está bien definido por los términos análisis, precisión, eficiencia y perfeccionismo. Personifica la pulcritud. Se preocupa por las pequeñas cosas. No tiene una visión global de las cosas. Usa un enfoque más bien mental que emocional. Juzga y critica, destructiva o constructivamente, y siempre con empatía. Se centra en lo físico.
Libra	♎	Busca el equilibrio y la justicia. Se interesa por las situaciones jurídicas e influye en ellas. Ve ambas caras de la moneda y se compromete a equilibrarlas. Negocia. Organiza. Es impecablemente objetivo. Está preocupado por cómo las acciones afectan a los demás. No es emocional. Busca relaciones individuales y se siente incompleto solo. Le gusta ser anfitrión.

Signo astrológico	Símbolo	Características: cómo el signo provoca la acción del planeta
Escorpio	♏	Está rodeado de misterio. Trae la transformación. Está lleno de deseo, a veces oscuro. Efectúa el trabajo en la sombra. Es muy intenso. Es un símbolo de muerte y renacimiento. Es la encarnación del sexo y la *petite mort*. Está lleno de pasión. Crea conexiones emocionales profundas. Guarda y revela secretos. Experimenta emociones intensas, aunque puede que no siempre las muestre. Lleva la procesión por dentro. Solo está interesado en profundidad y nunca es superficial. Tiene y usa un aguijón mortal cuando se ve amenazado.
Sagitario	♐	Busca la verdad. Tiene grandes aspiraciones. Le encanta luchar al límite por una causa. Tiene como lema «Apuntar más alto de lo que puedes alcanzar y lograrás mucho en el camino». Define la visión. Siempre defiende la independencia. Tiene una excelente capacidad de previsión. Tiende a ver el panorama general y se le pasan por alto detalles. Le encanta una buena aventura. Se le puede escuchar gritando: «La verdad está por encima de todo». No permite concesiones. No le gustan los puntos de vista opuestos.

Signo astrológico	Símbolo	Características: cómo el signo provoca la acción del planeta
Capricornio	♑	Crea leyes y estructura social. Utiliza el logro como la métrica para la autoestima. Vive una vida llena de seriedad y responsabilidad. Respeta la autoridad elegida y la autoridad reconocida por uno mismo. Valora y realiza un trabajo duro. Se centra en objetivos y está determinado a triunfar. Está lleno de ambición. Sabe manejarse. Busca ser prominente. Es centrado y práctico.
Acuario	♒	Es siempre el agente de cambio. No es convencional y valora la libertad personal. Tiene muchas ideas y a menudo las expresa en términos de abstracciones. Fija, persigue y se centra en los objetivos del grupo. Apoya el humanitarismo por encima de todo. Tiene y expresa ideales utópicos. Puede resultar poco práctico para perseguir objetivos. Demuestra compromiso mental, no emocional. Puede resistirse al cambio impulsado por otros. Utiliza un enfoque teórico para resolver problemas. Es un visionario movido por la ideología. Ve a la humanidad principalmente como una colección de grupos y se identifica con uno o más grupos. Hace los derechos y funcionamiento de grupos, especialmente del liderazgo de grupo, su misión. Aboga por los derechos humanos.

Signo astrológico	Símbolo	Características: cómo el signo provoca la acción del planeta
Piscis	♓	No tiene ego; es simplemente un miembro del grupo. Está lleno de compasión. Se fusiona con el grupo, el universo. Es el fin de todas las cosas. Activa la sanación de heridas emocionales. Provoca sanación espiritual. Percibe y defiende que todas las conexiones son universales. Tiene fe. Comprende y promueve comprensión de la verdad relativa. Es empático. Posee una fuerte intuición. Cree en la unificación de todos. Vive una vida basada en el misticismo. Puede ver el hilo de la red que conecta la humanidad. Es soñador.

Por último, a continuación, hay algunas correspondencias para las casas astrológicas.

Casa	Características: aspectos de vida en los que afecta la casa
Primera casa	Deseos y necesidades personales. Empezar un nuevo viaje personal de cualquier tipo. Apariencia.
Segunda casa	Ingresos, familia directa, posesiones (las que tiene o las que desea manifestar). Intereses y talentos.
Tercera casa	Cómo se comunica, negocia y habla en público. Relaciones familiares y con los vecinos.
Cuarta casa	Familia extendida, así como familiares y amigos cercanos. Tu hogar y su ambiente. Dónde planeas retirarte.

Casa	Características: aspectos de vida en los que afecta la casa
Quinta casa	¡Hora de festejar! Lo que haces para divertirte, lo que haces por placer. Creatividad. Romance y aventuras sin compromiso. Apuestas. Sexo. Hijos. Me siento bien. La libido, el amor, el placer, la felicidad, la alegría.
Sexta casa	Salud, ya sea física o mental. Trabajo y carrera profesional. Relación con el jefe, los compañeros de trabajo y tu equipo. Tareas rutinarias y cotidianas.
Séptima casa	Matrimonio. Relación con tu pareja. Cosas que planeas lograr juntos. También relaciones con socios comerciales y enemigos.
Octava casa	Dinero y recursos comunitarios, impuestos, herencias. Muerte. Secretos y miedos. Cualquier cosa oculta. Misterios. Los aspectos físicos de tu relación con tu pareja. Prepararse para la muerte, la iniciación, la intuición, el sexto sentido, ser psíquico, mágico, misterioso, transformación.
Novena casa	Estudios superiores. Viajes de larga distancia. Desarrollo espiritual. Aprender sobre y comprender el mundo. Clero y religión.
Décima casa	Profesión. Reputación. Tu posición en la sociedad. Desarrollo de la carrera profesional. Aumentar la ambición y la motivación para trabajar. Hablar en público. La vida pública. Reputación pública. Cómo te ve el mundo. Tus éxitos y logros.
Undécima casa	Riqueza, prosperidad y abundancia. Ganando fama. Esperanzas y deseos. Grupos a los que perteneces. Tus amigos, grupos sociales, organizaciones y lo que puedes lograr dentro de ellos. Trabajar como parte de un grupo u organización con ideales compartidos. Objetivos a largo plazo.

Casa	Características: aspectos de vida en los que afecta la casa
Duodécima casa	Encarcelamiento. Iluminación espiritual. Libertad. Esqueletos en el armario. Karma. Trabajar con el subconsciente. Desterrar pesadillas. Secretos. Mantener salud espiritual. Habilidades y experiencias psíquicas. Trabajar a través de la desilusión y el dolor. El sentido de la vida. Autodestrucción.

Saber cómo utilizar y combinar las correspondencias puede ser complicado al principio, así que he incluido algunos ejemplos de cómo usar las correspondencias astrológicas para lanzar hechizos. En primer lugar, asegúrate de que los planetas mencionados para cada tipo de hechizo estén en un lugar donde apoyen tu objetivo y de que los planetas de la casa y el signo mencionados no causen estragos con tu hechizo. Puedes encontrar las ubicaciones para una hora y un lugar determinados en www.astro.com u otro sitio. Usa la sección de creación de cartas natales para ver la fecha, el lugar y la hora en que planeas realizar el hechizo.

@ Si tu hechizo tiene que ver con tus deseos y necesidades personales o sobre empezar un nuevo viaje personal de cualquier tipo, elige unos días y horas en los que puedas ejecutar el hechizo. Luego, para cada uno, comprueba qué planetas habrá en la primera casa y asegúrate de que apoyen tu objetivo.

  • Supongamos, por ejemplo, que sólo la luna está en la primera casa en uno de los tiempos del hechizo propuestos. Si bien esto no es algo terrible, tampoco es muy fuerte. La luna no está orientada a la acción, es soñadora, está basada en el pasado y es introvertida. Si vas más allá y compruebas en qué signo está la luna en ese instante y descubres que está en Capricornio, probablemente deberías elegir otro momento. La luna en Capricornio puede ser muy emotiva ante cualquier pequeña falta de logros y puede disminuir tu magia con energías centradas en el fracaso pasado en lugar de en el éxito futuro.

- El zodíaco recorre las casas una vez cada veinticuatro horas. Si eliges una hora más temprana o más tardía el mismo día, encontrarás diferentes planetas con distintos signos en la primera casa.

@ Si tu hechizo requiere una acción considerable, averigua qué planetas están en el signo zodiacal de Aries. Además, comprueba en qué señal y casa se encuentra el planeta Marte y asegúrate de que esté en algún lugar que apoye tu objetivo.

- Digamos que querías hacer tu hechizo el 21 de junio de 2025. Descubrirás que Saturno está en Aries y Marte en Virgo. Saturno es un planeta que se mueve lentamente, con gran moderación y autodisciplina, y es muy incómodo en el signo de Aries. Estar en Aries puede hacer que Saturno se mueva más rápido de lo habitual; esto podría funcionar a tu favor para que la magia que envías no esté fuera de control. Con Marte en Virgo, la energía de Marte que lo rodea se centra, como siempre, en hacer las cosas, pero en hacerlas bien. La colocación de Virgo también asegura que no sólo comience la acción, sino que también la complete. Puedes observar que lo dicho, hasta ahora, no incluía la casa. Hasta este momento, sólo he elegido un día; esto fue suficiente para determinar qué planeta está en Aries y dónde está Marte. Ahora, digamos que el hechizo se realizará en San Diego y quieres hacerlo a las 21:00 horas. Descubrirás que Plutón está en Acuario en la primera casa. Si la acción que deseas llevar a cabo es en el ámbito del activismo social, el cambio de leyes o reglas o el derrocamiento de un gobierno, éste es un lugar excelente. Si tu magia necesita actuar en un área diferente y más personal, es posible que esta ubicación no ayude, y podría hacer que te haga descarrilar al centrarte en las acciones personales para el bien de la sociedad, en lugar de en el objetivo más personal sobre el que querías actuar. Si, por el contrario, puedes lanzar tu hechizo a las 10:00 horas, tendrás a Marte en Virgo en la primera casa, que apoyará firmemente la acción y la mantendrá centrada en tus deseos y necesidades personales.

@ Si tu hechizo tiene que ver con tus ingresos, tu familia directa o tus cosas (tus posesiones, ya sean las que tienes o las que deseas manifestar), comprueba qué planetas hay en la segunda casa. Además de qué planetas hay en Tauro. Determina dónde está Venus. Asegúrate de que esas ubicaciones respalden tu objetivo. Para los proyectos empresariales, comprueba también en qué signo y casa está Mercurio en el momento en que planeas lanzar tu hechizo.

@ Si tu hechizo tiene que ver con la forma en que te comunicas o con una situación en la que tendrás que negociar hablando bien, comprueba qué planetas hay en la tercera casa y cuáles en Géminis. Además, comprueba dónde está Mercurio.

@ Si tu hechizo tiene que ver con la familia ampliada, tu hogar o el lugar donde planeas retirarte, comprueba qué planetas hay en la cuarta casa. ¿Qué planetas hay en Cáncer? Y ¿dónde está la luna?

@ Si tu hechizo tiene que ver con la libido, el amor, el placer, la alegría, las relaciones que no sean el matrimonio, los pasatiempos creativos o tener hijos, comprueba qué planetas hay en la quinta casa, qué hay en Leo y dónde está el sol.

@ Si tu hechizo está relacionado con la salud personal, física o mental, o con la salud pública, comprueba qué hay en la sexta casa, qué hay en Virgo y dónde está Mercurio.

@ Si tu hechizo tiene que ver con tu relación con tu pareja, tu matrimonio o las cosas que quieres lograr juntos, comprueba qué hay en la séptima casa, qué hay en Libra y dónde está Venus.

@ Si tu hechizo está relacionado con el sexo, los aspectos físicos de tu relación con tu pareja, la preparación para la muerte, la iniciación, la intuición, el ser psíquico, la magia, el misterio o la transformación, comprueba qué hay en la octava casa, qué hay en Escorpio y dónde están Marte y Plutón.

@ Si tu hechizo tiene que ver con la educación superior, los viajes de larga distancia, el desarrollo espiritual o cualquier aspecto relacionado con el aprendizaje y la comprensión de tu mundo, comprueba qué hay en la novena casa, qué hay en Sagitario y dónde está Júpiter.

@ Si tu hechizo está relacionado con tu profesión, tu reputación, tu posición en la sociedad, el avance de tu carrera, el aumento de tu ambición o tu motivación para trabajar, comprueba qué hay en la décima casa, qué hay en Capricornio y dónde está Saturno.

@ Si tu hechizo tiene que ver con riqueza, prosperidad, abundancia, ganar fama, tus esperanzas y sueños, los grupos a los que perteneces, tus amigos, grupos sociales u organizaciones en las que te encuentras y lo que quieres lograr dentro de ellas, comprueba qué hay en la undécima casa, qué hay en Acuario y dónde están Saturno y Urano.

@ Si tu hechizo está relacionado con el encarcelamiento, la iluminación espiritual, la libertad, las partes de ti que sólo tú conoces, el karma, el trabajo en la sombra, tu subconsciente, la eliminación de las pesadillas o tus secretos, comprueba qué hay en la casa duodécima, qué hay en Piscis y dónde están Júpiter y Neptuno.

Sincronización mediante días planetarios

En el sistema de los días planetarios, cada día en su conjunto está gobernado por un planeta. Hay otro sistema por debajo de éste, en el que cada hora del día está gobernada por el mismo planeta o por uno diferente. Aquí sólo trataré el sistema de los días planetarios, ya que las correspondencias de los planetas para las horas planetarias son las mismas que para los días planetarios.

Éstas son las reglas de cada día de la semana:

- @ Domingo: sol.
- @ Lunes: luna.
- @ Martes: Marte.
- @ Miércoles: Mercurio.
- @ Jueves: Júpiter.
- @ Viernes: Venus.
- @ Sábado: Saturno.

He aquí algunos ejemplos de cómo utilizar los días planetarios a la hora de programar tus hechizos.

- @ Si deseas manifestar riqueza, hacerte notar por quienes están en el poder o hacer nuevos amigos, trabaja bajo la influencia del sol.
- @ Trabaja bajo la influencia de la luna si necesitas negociar en nombre de tu país o tu empresa, si precisas ayuda con tus habilidades de adivinación, quieres garantizar un viaje seguro y agradable, si necesitas transmitir mensajes en general o encontrar tu camino (especialmente en el mar), deseas encontrar el amor o alguna emoción positiva.
- @ Si estás en el ejército y necesitas demostrar tu éxito en la guerra, avanzar en tu carrera militar o ser valiente al enfrentarte al enemigo, trabaja bajo la influencia de Marte.
- @ Si deseas mejorar tu capacidad para comunicarte bien, expandir tu intelecto, mejorar tus habilidades adivinatorias y asegurarte de que tu negocio no tenga problemas ni retrasos, trabaja bajo la influencia de Mercurio.
- @ Para manifestar prosperidad en general, hacer nuevos amigos, tener buena salud y encontrar alegría en la vida, trabaja bajo la influencia de Júpiter.
- @ Trabaja bajo la influencia de Venus si quieres viajar con seguridad o encontrar el amor, la amistad o la alegría en la vida.
- @ Si deseas hablar con los espíritus de quienes murieron de forma natural, bendecir una casa u otro edificio, ver prosperar tu

negocio, poner tu hogar en orden o aprender material nuevo rápida y fácilmente, trabaja bajo la influencia de Saturno.

Un método sencillo para trabajar con los planetas

No sólo puedes usar la ubicación astrológica de los planetas para cronometrar tus hechizos, sino que también puedes trabajar directamente con los planetas, añadiendo su poder a lo que envías.

Identifica qué planeta apoyará lo que quieres lograr. Por ejemplo, Mercurio funciona bien en el caso de las charlas. La luna mejora las habilidades psíquicas. Marte potencia el impulso y la ambición.

Una vez que hayas decidido con qué planeta quieres trabajar, busca símbolos y correspondencias para ese planeta y adorna tu altar con ellos. Agrega una imagen del planeta. Si tu hechizo está escrito, incluye el símbolo del planeta en el papel. Si estás haciendo un hechizo de vela, talla en la vela el símbolo del planeta. (Hablaremos más sobre esos tipos de hechizos en el capítulo 9).

Ejercicio: invocación de un planeta

Invocar un planeta significa atraer la energía del planeta hacia ti para que puedas dirigirla a tu hechizo. Lee este ejercicio y practica el gesto de magia antes de empezar. Ten algo de comer y beber listo para volver a conectar con la tierra después.

Necesitarás:
- un lugar donde trabajar sin interrupciones;
- un objeto que contenga un hechizo que ya hayas creado, por ejemplo, un hechizo de papel o de vela que aún no hayas lanzado o cualquier otro hechizo en el que utilizarás un objeto que hayas creado para este propósito.

Sostén en tus manos el objeto que hayas elegido. Primero, inspira profundamente con el diafragma y espira creando un espacio vacío. Asegúrate de que tu ego no esté ocupando ese espacio. Luego, visualiza el planeta y atrae su energía hacia ti. Te estás llenando del poder del planeta.

Deja que esta energía planetaria fluya desde tu núcleo, desde tus manos, hasta el objeto que contiene tu hechizo. Con el poder del planeta saliendo de tus manos, traza el símbolo del planeta en el objeto que contiene tu hechizo. Para ello, puedes usar tu mano proyectiva, un *athame* (cuchillo mágico) o una varita o tus dedos para dibujar en el aire.

Visualiza el símbolo que has dibujado en el objeto que brilla intensamente y, a continuación, visualiza cómo se introduce en el objeto a medida que éste absorbe la energía planetaria. ¡Esto es magia poderosa!

Para extraer la energía planetaria de tu cuerpo, cruza los brazos frente a ti y ábrete como si abrieras un abrigo. Exhala y siente cómo el poder te abandona.

Conéctate con la tierra comiendo o bebiendo algo.

***

Como puedes ver en este capítulo, existen muchos factores para determinar cuándo es el mejor momento para lanzar un hechizo en un lugar determinado. La fase de la luna, la ubicación de los planetas y los días planetarios juegan un papel importante. También hay horas planetarias si profundizas aún más. Rara vez es posible lograr que todos estos factores se alineen a favor de tu trabajo. Deseas encontrar un lugar, un día y una hora que sean razonables, no uno que sea perfecto. A veces, no puedes darte el lujo de planificar de esta manera y es posible que tengas que trabajar en un momento que no es el ideal para ese propósito. En tal situación, para contrarrestar cualquier influencia astrológica perjudicial, carga tu magia con tantas capas como sea posible, como se describe en este libro.

Segunda parte

PIEZAS Y FRAGMENTOS MÁGICOS

Capítulo 4

SÍMBOLOS Y SIGILOS

Un símbolo es un signo u objeto que representa algo distinto de sí mismo. Si envías un corazón en un mensaje, el destinatario sabrá que significa que estás enviando un mensaje de amor. En el trabajo de hechizos, los símbolos se utilizan debido a la ley de semejanza. Cuando se usa un símbolo en un hechizo, sustituye al objetivo que el hechizo debe manifestar.

Símbolo masculino

Un símbolo puede tener varias interpretaciones. El símbolo de lo masculino simboliza también el planeta Marte y el hierro. Si bien las opiniones de los eruditos varían, una explicación es que el símbolo representa un escudo y una espada. El escudo y la espada fueron utilizados principalmente por los hombres cuando se creó el símbolo.

Del mismo modo, el siguiente símbolo para lo femenino, Venus o cobre, a menudo se interpretan como un espejo de metal, un elemento más utilizado por las mujeres en el momento en que se creó el símbolo.

Símbolo femenino

Verás que algunos símbolos son concretos de alguna manera; representan algo que está estrechamente relacionado con lo que representan. Pero otros son puramente abstractos, como este símbolo de alquimia para el arsénico:

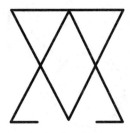

Símbolo de alquimia

Este capítulo trata sobre los símbolos y te enseña cómo hacer un sigilo. Los sigilos son símbolos que tienen poderes mágicos inherentes. Estos poderes surgen porque el sigilo se crea con intención; el creador impregna al sigilo de magia durante el proceso de creación.

Muchos sigilos son misteriosos para quienes no están iniciados en sus secretos. Por lo general, esto es intencionado para que quienes no fueron invitados a usarlos no los utilicen indebidamente.

EL LENGUAJE DE LOS SÍMBOLOS

Los símbolos existen en todas partes en la vida cotidiana y pueden emplearse también en magia. Puedes utilizar el signo del euro (€) para manifestar prosperidad en los países que usan el euro como moneda. Puedes emplear dibujos o símbolos de barcos, trenes, automóviles o aviones para representar el viaje o la velocidad, una cornucopia para indicar la abundancia, etc.

Este capítulo presentará algunos de los símbolos más utilizados en la creación de hechizos. Por supuesto, hay muchos símbolos usados por brujas y personas mágicas. Este capítulo discutirá los símbolos a los que vuelvo con más frecuencia: el pentagrama, el sol, la luna triple, el yin-yang y el búho.

El pentagrama

El pentagrama es un símbolo con muchos significados.

El ocultismo (por ejemplo, la Orden Hermética de la Aurora Dorada y el sistema Thelema de Aleister Crowley) utiliza el pentagrama como símbolo mágico central. El punto único representa el espíritu, y los puntos dobles, lo físico. Para Crowley, el pentagrama invertido representaba al espíritu descendiendo a la materia. Por el contrario, la Orden Hermética de la Aurora Dorada consideraba que el pentagrama invertido era malo, ya que lo físico y lo mundano superaban a lo espiritual.

En la época cristiana, el pentagrama simbolizaba las cinco heridas de Cristo.

En la Iglesia de Satanás, un pentagrama invertido inscrito en un círculo y la cabeza de una cabra se utilizan como logotipo registrado y símbolo principal de la religión.

La masonería también usa el pentagrama. Se dice que el símbolo se ve a menudo en las regalías de los masones, pero nunca se ha mencionado en sus textos.

El pentagrama incluso tiene relación con las matemáticas. «Según Pitágoras, cada uno de los cinco puntos del pentagrama representa uno de los cinco elementos que componen al hombre: fuego, agua, aire, tierra y psique (energía, fluido, aliento, materia y mente; también líquido, gas, sólido, plasma y éter o espíritu)».[1] ¡Son muchísimas correspondencias en una frase! Probablemente hayas oído hablar de Pitágoras en la clase de geometría debido al teorema de Pitágoras. Pitágoras dejó claro que el pentagrama no representa el mal. De hecho, es un símbolo venerable que ha representado los elementos, al menos desde alrededor de 500 a. C.

Dibujar el pentagrama invocador

Usa el pentagrama invocador para ayudar a manifestar tu hechizo. Dibuja el símbolo en el aire sobre el objeto que contiene tu hechizo.

Empieza con la mano por encima de la cabeza. Dibuja en diagonal hacia abajo a la cadera izquierda, en diagonal hasta el hombro derecho, en línea recta hasta el hombro izquierdo, en diagonal a la cadera derecha y hacia atrás hasta quedar recto por encima de la cabeza. Haz tus movimientos lo más uniformes posible. Termina dibujando un círculo, visto en el sentido de las agujas del reloj desde tu perspectiva, que toque todos los puntos del pentagrama.

Invocar al Pentagrama

---

1. Véase «The Pentagram in Depth» («El pentagrama en profundidad»).

Mientras dibujas el pentagrama, visualiza el poder mágico que entra en el objeto del hechizo a través del pentágono que se forma en el centro del pentagrama.

Dibujar el pentagrama desterrador
Usa el pentagrama desterrador para deshacerte de algo. Dibújalo en el aire y proyéctalo contra cualquier cosa que se te acerque y que no quieras que te alcance.

El pentagrama desterrador

Comienza con la mano en la parte inferior de la cadera izquierda. Dibuja en diagonal por encima de tu cabeza, luego hacia abajo hasta la cadera derecha, hacia arriba hasta tu hombro izquierdo, recto hasta el hombro derecho y de nuevo hasta la cadera izquierda. El pentagrama desterrador no tiene ningún círculo a su alrededor.

Practica dibujar los pentagramas que invocan y destierran. Pídele a alguien que compruebe si está recto y uniforme, o practica frente a un espejo. Tienen que ser algo natural para ti de modo que no tengas que pensar en cómo los dibujas cuando llegue el momento de usarlos para hacer magia.

La triple luna
El símbolo de la triple luna muestra tres fases de la luna. A la izquierda está la luna creciente; en el centro, la luna llena, y a la derecha, la luna menguante.

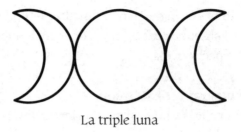

La triple luna

Este símbolo es receptivo y se usa en el trabajo de hechizos para invocar el poder de la diosa y ayudar a manifestar el objetivo deseado.

El sol

El símbolo del sol se emplea para manifestar la fertilidad masculina, la energía proyectiva, la vitalidad, la ambición y la fuerza de voluntad.

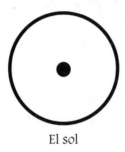

El sol

El yin-yang

El símbolo yin-yang se utiliza para crear un equilibrio de energías proyectivas y receptivas. También se puede usar para equilibrar los opuestos, y asegura que los opuestos se complementen entre sí.

El yin-yang

El búho

El símbolo del búho se puede utilizar para obtener sabiduría y perspicacia. Los búhos se asocian tradicionalmente con el conocimiento, el aprendizaje y la inteligencia.

El búho

Ejercicio: búsqueda de símbolos

Necesitarás:

- ◎ acceso a Internet y un navegador;
- ◎ una impresora o papel y algo para dibujar en el papel, por ejemplo, lápices de colores.

Para practicar tus habilidades, abre tu motor de búsqueda favorito en línea y busca la palabra *símbolo*. Observa las imágenes. Si encuentras algunos símbolos que podrían corresponder a un objetivo que tengas, imprímelos o dibújalos. También puedes utilizar los símbolos que aparecen en este capítulo.

Usar el tarot en la magia

Existen muchos sistemas de símbolos. El capítulo 3, por ejemplo, introdujo algunos símbolos astrológicos. Otro sistema de símbolos muy empleado en la magia es el tarot. El tarot es una baraja de cartas que tradicionalmente tiene setenta y ocho cartas. Tiene cuatro palos que corresponden a los cuatro palos de una baraja normal de cartas, pero hay una carta extra en cada palo. Todas estas juntas constituyen lo que se denomina los arcanos menores. En una baraja de tarot típica, también hay un conjunto de veintidós cartas en un palo de triunfo llamado arcanos mayores. Cada carta del tarot tiene un significado diferente según los símbolos de la carta. Los símbolos de la carta y la interpretación correspondiente se pueden utilizar para poner capas a los hechizos mágicos.

Adquiere o pide prestado un juego de cartas del tarot si aún no lo tienes. Tendrás que dejar esta baraja a un lado con fines mágicos durante los próximos tres meses más o menos. Si vas a comprar un mazo nuevo o vas a pedir prestado uno, asegúrate de que las cartas numerales (del as al diez en los cuatro palos básicos) tengan imágenes reales de algo que está ocurriendo en lugar de imágenes que sólo reflejen el número de la carta. La baraja Rider-Waite es la estándar a partir de la cual se construye la mayoría de las barajas completamente ilustradas. Muchas barajas que se basan en la Rider-Waite tienen imágenes artísticas hermosas y significativas, y cualquiera de ellas es una excelente elección.

Si no te resulta posible adquirir una baraja de tarot, instala una aplicación de tarot gratuita en tu móvil. La aplicación Galaxy Tarot es excelente. Si no puedes adquirir un mazo ni instalar una aplicación, busca en Internet «carta de tarot aleatoria» y busca un sitio donde puedas robar una carta todos los días.

Ejercicio: simbolismo del tarot

Necesitarás:

@ una baraja de tarot que tenga dibujos en las cartas numerales. La baraja debe usarse tan sólo para este ejercicio, que durará setenta y ocho días. Si no puedes conseguir una baraja, puedes usar una aplicación de tarot o una página web.

Durante los próximos setenta y ocho días, roba una carta por día. Luego, examina la imagen de la tarjeta. Imagínate que estás dentro de la escena que muestra la tarjeta. Echa un buen vistazo a tu alrededor. Lo que ves y cómo te hace sentir ¿se corresponde con el éxito de alguno de tus objetivos?

Busca el significado de la carta y determina si la interpretación estándar apoya alguno de tus objetivos. Si la carta apoya uno de tus objetivos de alguna manera, déjala de lado para usarla en un futuro hechizo para ese objetivo. Si la carta no ayuda con ninguno de tus objetivos actuales, guárdala en otro lugar para emplearla más adelante. No vuelvas a poner la carta en el mazo, ya que seguirás sacando cartas del mazo hasta que las hayas analizado todas. Ésta es una excelente manera de familiarizarte con los símbolos del tarot mientras recopilas correspondencias para usarlas en tu magia.

USO DE LAS RUNAS COMO SÍMBOLOS

Las runas son un alfabeto de símbolos, al igual que el alfabeto griego, el ruso y otros. Una letra se llama runa o *Runestave*. Las runas son una herramienta mágica que se puede utilizar para manifestar cosas. Además, son una herramienta adivinatoria que puede proporcionar claridad en una situación.

Existen diferentes alfabetos de runas. Los más utilizados en la magia son el Futhark antiguo, el Futhark anglosajón y, ocasionalmente, el Futhark joven. Crecí en Suecia y aprendí el alfabeto Futhark antiguo en la escuela. Por lo tanto, es con el que trabajo.

Esta sección presenta las runas del Futhark antiguo con su interpretación para su uso en magia.

Símbolo de la runa	Runa	Letra que le corresponde	Significados para los hechizos
ᚠ	Fehu	F	Se usa para manifestar prosperidad y generosidad. Puede usarse también en magia religiosa junto con ofrendas a la deidad.
ᚢ	Uruz	U, V, O	Se usa para manifestar fuerza, hacer frente a una situación difícil, ganar energía, garantizar una buena salud y aumentar la libido.
ᚦ	Thurisaz	Th	Se emplea para eliminar el caos: dibuja la runa y táchala o quema el papel con la intención de eliminar la confusión o el caos. Esta runa puede también usarse como una defensa mágica. Las espinas apuntando hacia el exterior son una poderosa protección.
ᚨ	Ansuz	A, AE	Úsalo para mejorar tu carrera, para hablar con éxito en conferencias, para eliminar el bloqueo del escritorio para eliminar el exceso de análisis que lleva a la inacción.

Símbolo de la runa	Runa	Letra que le corresponde	Significados para los hechizos
R	Raido	R	Se emplea para conferir potencia adicional a tus hechizos. Es utilizado también para simbolizar viajes y para tener viajes seguros y exitosos. Esta runa te ayuda a tomar el control de las circunstancias que vives y a manifestar tu voluntad e intenciones. También es adecuada para iniciativas intelectuales.
<	Kenaz	K, C	Se usa para eliminar enfermedades o gangrena en tu vida, ya que esta runa simboliza la enfermedad y se puede quitar y quemar. Es excelente para combatir adicciones, ya sea a las drogas o al alcohol, a Netflix o a los videojuegos. Se utiliza para eliminar el peligro. También puede emplearse cuando se trabaja para adquirir nuevos conocimientos o al analizar algunas cosas para obtener una comprensión más profunda. En este último contexto, Kenaz funciona particularmente bien junto con Ansuz.

Símbolo de la runa	Runa	Letra que le corresponde	Significados para los hechizos
X	Gebo	G	Se usa para ofrecer devoción a cambio de solicitar el desarrollo del Yo Superior. Se trata de un intercambio de regalos. Se usa para manifestar el equilibrio en una relación, quizás entre un vendedor y un comprador en una situación de compra-venta.
ᚹ	Wunjo	V, W	Se utiliza para manifestar el cumplimiento de metas y la alegría.
ᚺ	Hagalaz	H	Hagalaz ¡Úsalo con precaución! Se trata de una runa que puede causar estragos si se emplea sin precaución. Puedes utilizarlo como Thurisaz y Kenaz: para eliminar el peligro.
ᚾ	Naudhiz	N	Úsalo cuando necesites pensar de manera original y para manifestar una solución ante cualquier desafío.
ᛁ	Isa	I	Se utiliza para hacer que las cosas se detengan o para preservar el *statu quo*.
ᛃ	Jera	J (Y)	Esta runa representa la cosecha. Se usa para crear cambios positivos y duraderos y para manifestar los beneficios de tu duro trabajo.

Símbolo de la runa	Runa	Letra que le corresponde	Significados para los hechizos
ᛇ	Eihwaz	Ï (es una E larga, que se pronuncia como una vocal separada de la palabra)	Se usa para liberar el miedo a la muerte, para iniciaciones, como protección, para viajes astrales y para comunicarse con los dioses nórdicos.
ᛈ	Pertho	P	Se emplea para recordar vidas pasadas, revelar respuestas ocultas y aumentar la suerte.
ᛉ	Algiz	Z	Se usa como protección.
ᛊ	Sowilo	S	Se usa para fortalecer otros hechizos y para sanar y curar.
↑	Tiwaz	T	Es usado para obtener justicia, encontrar el coraje para enfrentarse a situaciones que asustan y para obtener la fuerza para sacrificarse para otros.
ᛒ	Berkana	B	Se emplea para cualquier asunto familiar y doméstico, así como para sanar los dolores de las mujeres.
ᛗ	Ehwaz	E	Úsalo para viajar con seguridad y para terminar lo que has empezado.

Símbolo de la runa	Runa	Letra que le corresponde	Significados para los hechizos
ᛗ	Mannaz	M	Se utiliza para manifestar la ayuda de los demás y para bendecir actividades grupales. Además, se emplea para las bendiciones dirigidas a toda la humanidad.
ᛚ	Laguz	L	Se usa para mejorar los poderes psíquicos, la curación, la conciencia interior y la intuición.
ᛜ	Ingwaz	Ng	Úsalo para llevar a cabo un proyecto y cerrar el círculo. Además, es usado para la fertilidad, sobre todo la masculina.
ᛞ	Dagaz	D	Empléalo para empezar desde cero y cuando tienes nuevos propósitos.
ᛟ	Othilo	O	Se usa para proteger reliquias o tu tierra o para bendecir a un bebé en gestación.

Cómo usar runas en hechizos

Puedes emplear las runas como alfabeto y escribir una o varias palabras con ellas. Para ello, debes tener en cuenta lo que significa cada runa para no tener letras que contradigan o tengan consecuencias inesperadas, es decir, elige la palabra con cuidado para que las runas que utilices para escribirla apoyen tu objetivo. También puedes decantarte por runas individuales que se correspondan con lo que quieres manifestar sin que formen una palabra. Una forma habitual de usar runas en magia es crear runas de enlace, que consiste en combinar varias runas en un símbolo.

Uso del alfabeto rúnico para hacer magia

Éste es un ejemplo del uso del alfabeto rúnico como parte de un hechizo para la prosperidad:

Escribes la palabra *prosperidad* en Futhark antiguo. La magia rúnica prefiere los números impares, por lo que en castellano no se tiene que hacer ningún cambio.[2]

Luego, sustituyes las letras por runas. En el caso de la palabra *prosperidad*, serían las siguientes:

- Pertho: suerte.
- Radio: ir o viajar; tener el control.
- Othila: tierra o genes heredados; herencia en general.
- Sowilo: el sol; la luz en tu camino; el apoyo divino; derrota al mal; la victoria.
- Pertho
- Ehwaz: viajar y controlar; cambio para mejor; continuar por el mismo camino.
- Radio
- Isa: estabilidad; preservación; estancamiento; necesidad de congelar los planes.
- Dagaz: empezar de nuevo; hacer nuevos proyectos.
- Ansuz: acción, mejorar la carrera profesional; mejorar la elocuencia; eliminar el exceso de análisis.
- Dagaz

En el caso de la palabra inglesa *proseperity* serían los siguientes:

- Pertho: suerte
- Radio: ir o viajar; tener el control
- Othila: tierra o genes heredados; herencia en general

---

2. Sin embargo, si utilizaras la palabra inglesa prosperity, que tiene diez letras, un número par, deberías agregar una E extra, creando la palabra proseperity de once letras. *(N. del T.)*

- Sowilo: el sol; la luz en tu camino; el apoyo divino; derrota al mal; la victoria
- Ehwaz: viajar y controlar; cambio para mejor; continuar por el mismo camino
- Pertho
- Ehwaz
- Radio
- Isa: estabilidad; preservación; estancamiento; necesidad de congelar los planes
- Tiwaz: valentía; victoria en la batalla; fuerza de voluntad
- Eihaz: adelante, apunta alto

Existe un riesgo significativo en este ejemplo en particular, por lo que lo he incluido aquí para que puedas ver qué tener en cuenta. Incluir a Othila puede significar que la prosperidad que manifiestes vendrá a través de una herencia.

Usar runas individuales como símbolos

Partiendo del ejemplo anterior, contemplamos otra forma de usar las runas en un hechizo de prosperidad. En lugar de escribir la palabra, eliges dos runas que representen prosperidad y las dibujas como parte de tu hechizo.

- Fehu: representa riqueza
- Jera: época de cosecha

Usar las runas de esta manera es, en este caso, un camino más seguro que el ejemplo anterior, que consistía en utilizar las runas como alfabeto. En el caso de emplear las runas individuales como símbolos en lugar de letras, eliges las runas exactas que deseas, lo que ayuda a evitar consecuencias desagradables.

Hechizo de prosperidad rúnica

Necesitarás:

© acceso a la tabla de runas que se encuentra al principio de este capítulo, a menos que ya sepas el significado de cada runa.

Partiendo del ejemplo anterior, en el que se utilizan runas individuales como símbolos en un hipotético hechizo de prosperidad, elige una tercera runa apropiada para incluirla. Se recomienda utilizar siempre números impares cuando se trabaja con runas.

Crear runas ligadas

Las runas ligadas se usan a menudo en talismanes y amuletos. Estos últimos son protectores y los talismanes traen buena suerte, generalmente con un propósito específico. Por motivos de seguridad y protección, añade siempre Algiz al final de una runa ligada, incluso si la protección no es el objetivo principal de la runa.

Éstos son algunos ejemplos de runas ligadas que creé en el pasado:

Esta runa representa la protección elemental para el hogar y la herencia; Othila y Algiz van en las cuatro direcciones.

Esta runa representa la protección elemental durante el viaje; Raido y Algiz están en las cuatro direcciones.

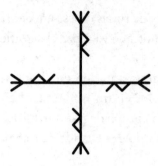

Esta runa aumenta la fertilidad de las parejas; muestra a Ingwaz y Berkana con Algiz.

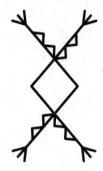

El objetivo de esta runa es garantizar el equilibrio a medida que cambian las cosas; incluye a Jera y Gebo con Algiz.

Ejercicio: encuentra runas

Necesitarás:

- © acceso a la tabla de runas que se encuentra al principio de este capítulo, a menos que ya sepas el significado de cada runa.

Piensa en tus objetivos. Elige uno de ellos y, a continuación, busca una o tres runas que apoyarán ese objetivo o fortalecerán tu hechizo.

Adivinación usando el simbolismo de las runas

La adivinación es una forma de magia. La adivinación con runas utiliza el simbolismo de cada elemento para discernir la verdadera naturaleza de una situación y la mejor manera de proceder. La adivinación te ayuda a determinar para qué necesidades e inquietudes debes crear hechizos. En esta sección se describe una técnica sencilla que puedes usar para adivinar en qué temas necesitas trabajar. Puedes usar cartas del tarot en lugar de runas, si lo prefieres.

Recorta veinticuatro hojas de papel y dibuja una runa del Futhark antiguo en cada trozo. Colócalos en una pila. Saca siete papeles rúnicos de la pila y colócalos boca abajo en forma de pilar, con el primero en la parte inferior y ascendiendo. Luego, saca siete papeles rúnicos más y crea otro pilar a la derecha del primero, también boca abajo, de modo que dispongas de siete pares. Coloca cada pieza con intención.

Para interpretar los papeles rúnicos, da la vuelta a los dos papeles rúnicos que se encuentran en la parte inferior de los pilares. Sube los pilares a medida que lees el párrafo correspondiente.

El par de runas más bajo representa tu derecho a vivir. La runa de la izquierda muestra si estás equilibrado y conectado con la tierra. Además, te indica qué influye en tu situación actual en cuanto a tu seguridad, tu situación económica y tu equilibrio emocional. Representa también la salud corporal de los pies, las manos y el sistema digestivo. La runa de la derecha te orienta sobre cómo puedes proceder para mejorar la situación.

Las segundas runas desde abajo representan tu derecho a tener una vida feliz. El símbolo de la izquierda te muestra lo que actualmente influye en tu libido y tu sexualidad, tus emociones (aunque no las románticas) conexiones con los demás, tu creatividad y tu capacidad de sentir alegría. También responde a preguntas sobre la salud de tu sistema reproductor. La runa de la derecha indica lo que debes hacer para mejorar la situación.

Las terceras runas de la parte inferior representan tu derecho a actuar cuando sea necesario. El símbolo izquierdo te muestra lo que influye en tu ambición o falta de ella, tu fuerza de voluntad, cualquier problema de adicción que tengas y tu carácter moral. Indica si tienes un enfoque de la vida demasiado dominante o sumiso. A nivel físico, responde a preguntas sobre problemas de espalda y obesidad. El símbolo de la derecha te muestra lo que debes hacer para mejorar la situación.

Los elementos de la parte central representan tu derecho a amar y a ser amado. La runa de la izquierda te muestra lo que influye en tu amor por ti mismo y por los demás, así como cualquier problema de codependencia o apego. A nivel físico, muestra qué influye en cualquier problema cardíaco o pulmonar que pueda estar afectándote. El símbolo de la derecha indica lo que debes hacer para mejorar la situación.

Las quintas runas de la parte inferior representan tu derecho a comunicarte, a hablar y a que te digan la verdad. El símbolo de la izquierda indica si tienes problemas para decir la verdad, comunicarte con claridad o comprender lo que otros te dicen y por qué. A nivel físico, muestra la causa de cualquier problema en la garganta, el hombro o el cuello que puedas tener. Una vez más, el símbolo de la derecha te muestra lo que debes hacer para mejorar la situación.

Los sextos elementos desde abajo y los segundos desde arriba representan tu intuición, tus habilidades psíquicas y tu intelecto. La runa de la izquierda muestra lo que sucede con tu capacidad de comunicarte con los muertos y los espíritus, tus habilidades de adivinación, tu capacidad de ver patrones y de clasificar y aprender nueva información, y tu poder intelectual. En términos de tu cuerpo, explica los dolores de cabeza, los mareos y los problemas oculares o visuales. El símbolo de la derecha indica lo que debes hacer para mejorar la situación.

Los séptimos y últimos elementos representan tu espiritualidad. La runa de la izquierda representa lo que influye en tu espiritualidad, tu capacidad de conectarte con la deidad y tu propia divinidad. A nivel físico, te muestra los problemas relacionados con la vejez, en especial los vinculados a la agudeza mental. El símbolo de la derecha indica el camino a seguir para mejorar la situación.

USO DE SÍMBOLOS EN MAGIA

Hay muchas maneras en las que puedes usar símbolos en tus hechizos. Cuando hayas encontrado los símbolos adecuados para fortalecer tu hechizo, puedes dibujarlos en papel para hechizos de papel, en velas para hacer magia con velas o en cualquier objeto que utilices en tu hechizo. Puedes incluir impresiones del símbolo, dibujarlo en el aire con el dedo o crear el símbolo con arcilla, ramitas, hilo, bordados u otro material que te convenga por tus habilidades e intereses. Lo importante es asegurarte de que el símbolo sea claro, esté alineado con tu intención y se incluya cuando lances el hechizo. Si haces un hechizo en tu oficina o tienes una copia impresa o un dibujo en la habitación de al lado no servirá.

SIGILOS: SÍMBOLOS MÁGICOS PERSONALES

Un sigilo es un símbolo que tiene un poder mágico. Por ejemplo, una runa ligada es un sigilo. Un sigilo suele ser un símbolo único que está formado por varios otros símbolos o letras. Considero que la máxima autoridad en la creación de sigilos es Austin Osman Spare. Su método para activar los sigilos difiere de mi comprensión de la magia, ya que se basaba en cómo se interpretaba la psicología en ese momento; sin embargo, sus formas de crear sigilos han sobrevivido a la prueba del tiempo.

Para ilustrar las distintas formas en las que puedes usar los sigilos en tus hechizos, emplearé el mismo ejemplo en cada uno de los siguientes métodos. Digamos que necesitas un automóvil que sea confiable y legal, y que deseas incluir sigilos en tus hechizos para lograr este objetivo.

Método uno: a partir de una imagen de la intención

En primer lugar, dibujas un coche con la matrícula y una sonrisa. La sonrisa simboliza que el automóvil funciona y es fiable. A continuación, estilizas y simplificas la imagen para convertirla en un sigilo. Al utilizar este método, puedes, y debes, usar símbolos estándar, es decir, que ya existen, como punto de partida. Los símbolos estándar son símbolos que muchas personas entienden que significan lo mismo, por ejemplo, una imagen de un teléfono móvil para comunicarse y un avión, automóvil o tren para viajar.

Método dos: a partir de una afirmación escrita de la intención

Este método comienza con el objetivo expresado como una afirmación, que es una afirmación en el presente y positiva. En este caso, la afirmación es «I have a reliable and legal car» («Tengo un coche fiable y legal»). Escribe la afirmación en mayúsculas.

El siguiente paso es juntar las palabras como una sola palabra larga, eliminando cualquier letra que aparezca más de una vez. Por lo tanto, tienes «IHAVERLBNDGC» (TENGOUNCHFIABLY).

Luego, transforma estas letras en un símbolo. Las letras se pueden usar en posición vertical, boca abajo, de lado o incluso como imágenes espejo. El resultado se puede simplificar y estilizar para crear un letrero que sea agradable a la vista. He aquí un ejemplo de un sigilo que podría hacerse con estas letras:

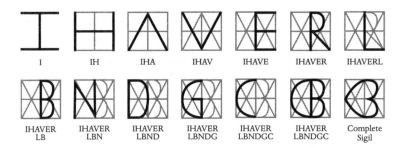

Proceso de creación del sigilo «IHAVERLBNDGC»
(TENGOUNCHFIABLY).

Mientras trabajas en el sigilo, mantén el objetivo en mente. Esto cargará de fuerza y energía el sigilo al mismo tiempo que trabajas.

Método tres: uso de hechizos con frases «tal como suenan»

¿Cómo escribirías «I have a reliable and legal car» («Tengo un vehículo confiable y legal») de la manera en que suena?

Tal vez como «AIJAVARELAIABALA NLIGALCAR» (TENGOUNCOCHECONFIABLE YLEGAL).

Al igual que en el método dos, elimina cualquier letra duplicada: AIJVRELBNGC.

¡Acabas de crear una palabra mágica! A partir de aquí, puedes crear un sigilo como en el método dos o puedes usar la palabra tal cual en un hechizo.

Uso de sigilos en hechizos

Existen muchas maneras en las que puedes usar los sigilos en los hechizos. Éstos son algunos ejemplos.

© Los sigilos se pueden dibujar en amuletos y talismanes.
© Se pueden plasmar sigilos en velas para hechizarlas.

- Los sigilos se pueden trazar en papel (el pergamino es bastante habitual) y es posible manipularlos de cualquiera de las formas en que se maneja un hechizo de papel.
- La palabra mágica se puede pronunciar como un conjuro mágico.
- Puedes utilizar un sigilo de cualquier forma que harías con un símbolo.
- Puedes crear un sigilo para tu nombre (o tu nombre mágico, si lo tienes).
- Imbuye el sigilo con la intención de que cualquier cosa en la que inscribas el sigilo sea tuya y permanezca tuya para siempre.
- El sigilo se convierte entonces en un hechizo de protección contra la pérdida o el robo.
- Puedes grabar un sigilo en un amuleto de arcilla.
- Puedes encontrar patrones de punto de cruz para símbolos comunes, como el alfabeto rúnico. Éstos se pueden combinar en runas ligadas sin demasiados problemas. Para algunos símbolos, es posible que puedas encontrar un patrón para tejer. Si eres experto en hacer patrones, puedes crear tu propio patrón para tu sigilo. Bordar o tejer el sigilo con intención, centrándote en el objetivo a medida que lo creas, añade un gran número de poderes mágicos a la hora de crear capas. A continuación, puedes incorporar el objeto bordado o de punto en una bolsa de hechizos, coserlo en una prenda o llevarlo contigo.

Ejercicio: crea un sigilo

Necesitarás:
- lápiz y papel o un programa de gráficos para trabajar;
- un libro de sombras, un grimorio o un cuaderno mágico para la documentación.

Con cualquiera de los métodos descritos antes, crea un sigilo para lograr tu objetivo. O, si lo prefieres, créalo para tu nombre.

Capítulo 5

CORRESPONDENCIAS

Una correspondencia es un elemento o cosa que, de alguna manera, está relacionado con otro objeto o cosa, a menudo por costumbre y tradición. A veces existe una forma fácil de encontrar una relación o similitud entre los elementos que se corresponden entre sí, aunque, en ocasiones, no es así.

Las correspondencias funcionan debido a la ley de semejanza. Agregar correspondencias a un hechizo añade capas adicionales de poder.

En este capítulo analizaré algunas de las correspondencias más comunes en hechizos.

CORRESPONDENCIAS DE *CHAKRAS*

Los *chakras* son centros de energía que existen en el cuerpo sutil, a diferencia del cuerpo físico de carne y hueso. Si abrieras un cuerpo, sería imposible ver los *chakras*.

Esto se debe a que los *chakras* no son físicos, aunque tengan un vínculo activo y energético con el sistema endocrino. A través de ese vínculo, los *chakras* afectan a la salud física. Los *chakras* también tienen una poderosa conexión con el estado emocional de una persona y su personalidad.

A continuación, menciono los resúmenes de los siete *chakras* principales:

***Chakra* de la raíz**: ubicado en el perineo. Corresponde a la tierra, el color rojo, la identidad, la seguridad, la conexión con la tierra, la estabilidad y el derecho a vivir y a estar seguro. Un *chakra* raíz desequilibrado puede manifestarse como una enfermedad de los pies o las piernas, estreñimiento, un trastorno de la alimentación, hemorroides, miedo y ansiedad, malos hábitos alimenticios, falta de ejercicio, falta de estabilidad en la vida, dificultad para manifestar las metas, acumulación, hipocondría y ser demasiado materialista. Se cura con cristales o piedras rojos.

***Chakra* sacro**: ubicado debajo del ombligo. Corresponde al agua, el color naranja, la sexualidad, el placer, los sentimientos, las conexiones con los demás, la creatividad y la alegría en la vida. Un *chakra* sacro desequilibrado puede manifestarse con problemas en el sistema reproductor; falta de libido o demasiada libido; ser demasiado emocional o insensible; negarse el placer o ser adicto a la diversión y el disfrute; falta de creatividad o ser demasiado innovador y falta de alegría en la vida. Se cura con cristales o piedras de color naranja.

***Chakra* del plexo solar**: ubicado en el plexo solar. Este *chakra* corresponde al fuego, el color amarillo, la fuerza de voluntad, la acción, el impulso, los límites y la ambición. Un *chakra* del plexo solar desequilibrado puede manifestarse como problemas en el sistema digestivo, incluida la vesícula biliar; ser dominante o demasiado sumiso; exhibir una falta de límites; falta de fuerza de voluntad; adicción; demasiada ambición; ser excesivamente competitivo; agresividad y ser adicto al trabajo. Se cura con cristales amarillos.

***Chakra* del corazón**: está ubicado en el corazón. Corresponde al aire, a los colores verde y rosa, al amor, al amor propio, a las relaciones y al derecho a amar y a ser amado. Un *chakra* del corazón desequilibrado puede manifestarse con problemas del corazón y los pulmones; depresión; incapacidad para entablar amistades o relaciones amorosas; miedo a desarrollar lazos amistosos o relaciones amorosas; dar tanto que te descuidas a ti mismo y depender de la felicidad de otra persona para la tuya propia (codependencia). Se cura con cristales verdes o rosados.

Chakra **de la garganta**: se encuentra en la garganta. Corresponde al color azul, la comunicación, la capacidad para expresar pensamientos y sentimientos, la diplomacia, el derecho a ser escuchado y el derecho a hablar y escuchar la verdad. Un *chakra* de la garganta desequilibrado puede manifestarse con problemas con la garganta, el cuello o los hombros; incapacidad para expresar bien los pensamientos; falta de lenguaje; timidez; incapacidad para expresar deseos u opiniones; hablar en exceso sin transmitir nada; hablar demasiado alto; mentir; o ser incapaz de permanecer callado cuando sería lo mejor que se podría hacer en ese momento. Se cura con cristales o piedras azules.

Chakra **del tercer ojo**: está ubicado en el centro de la frente, en medio y por encima de las cejas. Corresponde a los colores índigo y morado, la intuición, el conocimiento, la sabiduría, la perspicacia, las habilidades psíquicas, la clarividencia, el juicio, el contacto con los espíritus, el intelecto y el derecho a saber. El *chakra* del tercer ojo desequilibrado puede manifestarse con dolores de cabeza o problemas de visión, ser poco realista, vivir en un mundo de fantasía, alucinaciones, pesadillas, imaginación hiperactiva, ser demasiado analítico, distraído, una intuición bloqueada, dificultad para aprender cosas nuevas, necesitar que se explique todo explícitamente; no poder leer entre líneas; problemas de comprensión general; disminución de la agudeza mental y ser despistado. Se cura con cristales o piedras morados o índigo.

Chakra **de la corona**: se encuentra en la parte superior de la cabeza. Corresponde a los colores violeta y blanco, la conexión con la deidad, la deidad interior, el Yo Superior, la naturaleza, el universo y el derecho a experimentar lo divino. Un *chakra* de la corona desequilibrado puede mostrarse como un sentimiento superior a los demás; sentirse más conectado con lo divino que cualquier otra persona; sentirse el más santo de todos; ser muy soñador y no tener los pies en la tierra; estar ausente durante un período de tiempo; espaciarse; incapacidad para conectarse con la deidad; no entender tu camino espiritual y no entender tu propósito en la vida. Se cura con cristales o piedras violetas o blancos.

CORRESPONDENCIAS DE COLORES

Una de las formas más comunes de trabajar con las correspondencias de colores en la magia es usar una vela, una hoja de papel o una tela de un color que coincida con tu intención. Por ejemplo, poner una vela rosa mientras realizas un hechizo de amor o usar tela verde en tu monigote sanador. Cualquier forma en la que puedas incorporar el color con intención proporcionará más capas a tu magia y añadirá poder. A continuación, se muestran algunas correspondencias de colores comunes y, en algunos casos, también explico de dónde provienen estas correspondencias.

Carmesí
- Uso tradicional: para la purificación y la obtención del poder; el liderazgo; realeza.
- Se usa en hechizos para obtener un ascenso o para ocupar con éxito una posición de autoridad.

Escarlata, rojo
- Uso tradicional: nacimiento; advertencia; lujuria; guerra; ira.
- Basado en elementos (fuego): entusiasmo, emoción, ambición, pasión.
- Basado en el *chakra* (raíz): conexión con la tierra y estabilidad.

@ Las correspondencias basadas en elementos y en los *chakras* parecen contradictorias. Determinar la intención y aclarar qué sistema se está utilizando resuelve ese problema al lanzar un hechizo.

Naranja

@ Uso tradicional: transformación radical; llamar la atención; optimismo.

@ Basado en los *chakras* (sacro): emociones; alegría en la vida; libido.

@ Se usa en hechizos para aumentar o reducir la lujuria y el deseo según sea necesario.

@ Empléalo en hechizos para encontrar la felicidad en tus circunstancias actuales.

Amarillo

@ Uso tradicional: para causar una impresión poderosa; el sol.

@ Basado en elementos (aire): intelecto; musicalidad; aprendizaje; análisis; memoria.

@ Basado en *chakras* (plexo solar): fuerza de voluntad; resistencia; establecimiento de límites; ambición; acción.

Rosa

@ Uso tradicional: amor; amor propio; bebés: niñas, niños (arcaico); feminidad.

@ Basado en los *chakras* (corazón): amor; compasión; relaciones.

Verde

@ Uso tradicional: curativo, calmante, relajante.

@ Basado en elementos (tierra): prosperidad, fertilidad, manifestación, abundancia, estabilidad, perseverancia, terquedad a largo plazo.

@ Basado en los *chakras* (corazón): el amor, el amor propio, la compasión, las relaciones, puede combatir los celos.

Azul

@ Uso tradicional: tranquilidad; serenidad; misterio; éxito, corporaciones grandes y exitosas (las llamadas «empresas de primera línea»); espiritualidad; Madre María; realeza; éxito en el comercio.

@ Basado en elementos (agua): curación; sanación emocional; muerte; iniciación; renacimiento; compasión; emociones; un portal al inframundo.

@ Basado en los *chakras* (garganta): comunicación; elocuencia; ser escuchado; verdad.

Índigo

@ Uso tradicional: introspección; poderes sobrenaturales; falta de límites convencionales.

@ Basado en los *chakras* (tercer ojo): intuición; percepción extrasensorial, como la telepatía, la clarividencia o la clariaudiencia; capacidad de comunicarse con los espíritus; aprendizaje, sabiduría, perspicacia y conocimiento; concentración.

Morado

@ Uso tradicional: realeza, riqueza, lujo, poder, liderazgo; ser digno; magia; hechicería; misterios; espiritualidad.

@ Basado en los *chakras* (tercer ojo): intuición; percepción extrasensorial como la telepatía, la clarividencia o la clariaudiencia; capacidad de comunicarse con los espíritus; el aprendizaje, la sabiduría, la perspicacia y el conocimiento; la concentración.

Violeta

@ Uso tradicional: humildad, modestia, Madre María, devoción; espiritualidad.

@ Basado en los *chakras* (corona): espiritualidad; conexión con la deidad; conexión con el Yo Superior, la naturaleza y el Universo; experimentar lo divino y el yo divino; comprender la deidad interior; interiorizar «Tú eres Dios y eres diosa».

Blanco

- Uso tradicional: pureza, inocencia, fe, virginidad, sencillez; hoja nueva; comienzos frescos.
- Basado en los *chakras* (corona): espiritualidad; conexión con la deidad; conexión con el Ser Superior, la naturaleza y el universo; experimentar lo divino y el yo divino; comprender la deidad interior; interiorizar «Tú eres Dios y eres diosa».
- Espiritual (Wicca): el Dios; el Señor; la energía proyectiva; la dispersión; la masculinidad.

Negro

- Uso tradicional: sofisticación; elegancia; muerte; maldad; miedo; simplicidad; el inframundo.
- Espiritual (Wicca): la diosa; la dama; la energía receptiva; la absorción; la feminidad.

Oro

- Uso tradicional: riqueza, masculinidad, sofisticación, prestigio, poder, reconocimiento, éxito, ganancias, lujo, glamour, sol.
- Espiritual (Wicca): el Dios; el Señor; la energía proyectiva; la dispersión; la masculinidad.

Plata

- Uso tradicional: elegancia; sofisticación; riqueza; prestigio; lujo; el glamour; la luna, la derrota de vampiros, hombres lobo y otros males.
- Espiritual (Wicca): la diosa; la dama; la energía receptiva; la absorción; la feminidad.

Magia de colores

Cuando lances un hechizo que involucre un color, continúa rodeándote de ese color incluso después de haber terminado de realizar tu hechizo. Así ayudarás a que tu objetivo se manifieste de dos maneras: mantendrás tu enfoque en el *actuar de acuerdo con* tu propósito y aumentarás la magia al superponerla aún más.

Existen muchas formas de incorporar la magia de los colores. Añade un toque de ese color a tu indumentaria. Incorpora colores mágicos a tus accesorios usando una bufanda, un par de calcetines o joyas de ese color. Cualquier cosa del color elegido que añadas deliberadamente te ayudará a concentrarte. Píntate las uñas de ese color si usas esmalte de uñas. Consigue una lámpara que cambie de color y mantenla encendida hasta que tu objetivo se manifieste. Prende velas de ese color. Ingiere alimentos de ese color.

CORRESPONDENCIAS NUMÉRICAS

Los números se pueden usar como símbolos en tus hechizos. A continuación se muestran las correspondencias:

- **0:** la contemplación antes del principio; el útero; la luna negra; asumir riesgos para triunfar.
- **1:** unidad; comienzo; el ego; el todo, la fuente; ganar; ser el primero y el mejor; manifestarse.
- **2:** polaridad; equilibrio; conexión; cooperación; dirección; espiritualidad emergente o profunda.
- **3:** estabilidad; verdad; deidad; la triple diosa; la trinidad cristiana; familia: madre, padre e hijo; profundidad; fertilidad.
- **4:** los cuatro elementos; las cuatro direcciones cardinales; el círculo; la organización; el equilibrio y la estabilidad; la seguridad; el paso del tiempo.
- **5:** creación y destrucción; muerte y renacimiento; transformación que trae cambios para bien; espíritu por encima de lo mundano (recuerda el pentagrama con el espíritu como punto superior); el poder o la lucha por el poder; aprendizajes; enseñanzas.
- **6:** placer, alegría, sexo, matrimonio, *carpe diem,* tentaciones, tomar decisiones basadas en valores.

7: magia; todo lo psíquico; sorpresas; búsqueda de sueños; seguir adelante; perseverar; difícil decisión para pasar a la acción, luego movimiento.

8: la gestión; tu forma de ganarte la vida; tus intereses; a qué dedicas tu tiempo; el coraje; el poder de la fe; el éxito al confiar en tus habilidades; las consecuencias, tanto buenas como malas.

9: liderazgo; poder benevolente; iluminar el camino para los demás; acercarnos a la meta.

10: la plenitud; el fin; la realización; nuevos comienzos en el horizonte; atar los cabos sueltos para poder seguir adelante; la finalización significa que algo más está por venir.

11: instinto, intuición, confianza, conexión espiritual entre tú y los demás, karma y consecuencias.

13: grupo completo; aquelarre; Jesús y sus discípulos; Arturo y los caballeros de la mesa redonda (en algunas versiones de la historia); el sol y las doce constelaciones.

22: apoyo divino; conexión con lo divino; conocimiento de lo divino interior; el yo divino.

Digamos que si quieres lanzar un hechizo para sentirte más feliz en tu matrimonio, desearás incorporar el número seis en tu magia. Si vas a añadir ramitas de hierbas a tu hechizo, usa seis ramitas de un tipo o una ramita de cada seis tipos diferentes. Si vas a incorporar aceites esenciales, utiliza seis gotas de un tipo o una gota de cada una de las seis clases diferentes. Si escribes una palabra en un hechizo de papel, anótala seis veces o seis palabras diferentes. Si dibujas en el hechizo del papel, repítelo seis veces o traza seis dibujos distintos. Cualquier forma que se te ocurra de incorporar el número seis con intención superpondrá tu magia y, por lo tanto, aumentará su poder.

Ejercicio: correspondencias numéricas

Necesitarás:

@ acceso a las correspondencias numéricas de este capítulo, a menos que ya sepas el significado de cada una.

Piensa en tus objetivos. Elige uno de ellos y, a continuación, determina una correspondencia numérica. Descubre cómo puedes usar esa correspondencia numérica en tu hechizo.

CORRESPONDENCIAS SOBRE HIERBAS Y ALIMENTOS

Las hierbas y otros alimentos pueden usarse para crear capas de muchos tipos de hechizos, por lo que resulta muy útil conocer las correspondencias y las propiedades mágicas de algunas que normalmente tengas a mano. Las hierbas y los alimentos también son adecuados para añadir una intención rápida a una comida que estés cocinando. Supongamos que vas a hacer adivinación por la tarde. Incorporar hojas de laurel y menta con intención en un almuerzo ligero mejorará tu rendimiento por la tarde. A continuación se menciona una lista de algunas correspondencias más:

Las **manzanas** se pueden usar en hechizos para atraer el amor y la salud. «Una manzana al día mantiene al doctor en la lejanía» es, en realidad, magia.

Los **aguacates** son un potente afrodisíaco. Úsalos para mejorar tu libido.

Los **plátanos** son, por supuesto, fálicos y, por lo tanto, mejoran tanto la libido como la fertilidad masculinas.

La **albahaca** se usa principalmente para el amor, pero se puede emplear también para manifestar prosperidad.

Las **hojas de laurel** se utilizan para mejorar las habilidades de adivinación, la clarividencia y la clariaudiencia, además de otros talentos psíquicos. Quema las hojas de laurel como incienso mientras escuchas. Las hojas de laurel son, además, altamente protectoras y curativas.

El **zumo de remolacha**, que se obtiene poniendo una remolacha en una licuadora y colándola luego, puede ser usado como sustitutivo de la sangre si alguna vez encuentras un hechizo que la exija. (¡No encontrarás ningún hechizo de este tipo en este libro!).

Las **moras** provienen de una planta que produce una cosecha abundante, y es difícil deshacerse de ella. Por lo tanto, son un símbolo de tenacidad, así que puedes usarlas en hechizos de resistencia. Por ser tan abundantes, son también un símbolo de riqueza, así que empléalas en cualquier momento para la prosperidad.

Las **semillas de alcaravea** protegen tus objetos contra el robo. ¡Guarda unas cuantas semillas en tu cartera! Cuando se usan o se esparcen en el hogar, las semillas de alcaravea también protegen contra los malos espíritus y la energía negativa. Protegen contra los visitantes no deseados y los ladrones cuando se dispersan por el perímetro de una propiedad. Si elaboras una poción de amor, agrega alcaravea para garantizar la fidelidad.

Las **zanahorias** son fálicas y, por lo tanto, afrodisíacas, y pueden usarse para mejorar la libido.

Los **anacardos** aportan gran riqueza a quienes los cultivan y, por lo tanto, son un símbolo de prosperidad. Úsalos en cualquier hechizo para la prosperidad.

El **tallo de apio** es fálico y afrodisíaco y, por lo tanto, también se puede utilizar para mejorar la libido.

Las **cerezas** tienen forma de corazón, de manera que se emplean para atraer el amor.

El **chile** en polvo es picante y, por lo tanto, protector. Espolvorea el perímetro de tu propiedad para alejar cualquier cosa que no sea bienvenida. También puedes incorporar chile en polvo a cualquier poción para atraer el amor si deseas añadir erotismo.

¡La **canela** es muy mágica! Te conecta con lo divino cuando la quemas como incienso o cuando la usas en pociones o amuletos.

También es sanadora y apoya la clarividencia y cualquier tipo de adivinación.

Los **clavos** sirven para la prosperidad. Aplástalos y quémalos en una fuente a base de piedra carbónica.

Esto sirve también para limpiar el entorno y protegerlo.

El **cilantro** tiene muchos usos. Agrega hojas frescas o semillas molidas a leche tibia con miel o incorpora las semillas molidas al vino tibio (puedes endulzarlo con miel) como afrodisíaco. Puedes triturar las semillas y añadirlas a otras hierbas de la prosperidad para crear un potente incienso que atraiga el dinero. Llevar las semillas en una bolsa ayuda a sanar.

El **pepino** es curativo.

El **comino** es similar a la alcaravea en muchas de sus propiedades mágicas. Protege contra el robo cuando está dentro de un objeto. El comino ahuyenta a los malos espíritus; por lo tanto, puedes usarlo para limpiar la casa. Además, promueve la fidelidad.

Los **hongos** secos están asociados con el elemento tierra. Se pueden usar en hechizos de prosperidad y de fertilidad.

El **hinojo** fortalece tu mente y tu capacidad para comunicarte y convencer. Ayuda a la adivinación y mejora la vista. Protege tu privacidad y permite evitar el contacto no deseado con agentes del gobierno, por ejemplo, la policía o las autoridades fiscales. Cultiva hinojo alrededor de tu hogar para mayor privacidad y protección. Cuelga hinojo seco en las ventanas y puertas para proteger tu hogar de los malos espíritus. Cámbialo con regularidad.

Los **higos** son buenos para la fertilidad y la virilidad masculina. También puedes usarlos para endulzar un tarro de miel, como se describe en el capítulo 9.

El **ajo** es sagrado para Hécate. Ofrécele ajo y pan y, en ocasiones, trozos de pescado cocido si deseas su ayuda. El ajo tiene importantes propiedades curativas. Además, es protector, así que lleva un diente en una bolsita alrededor del cuello o colócalo sobre la puerta para mantener alejados a los espíritus no deseados, a los visitantes indeseables y a los ladrones. El ajo es conocido por su capacidad de proteger contra los vampiros energéticos. También es afrodisíaco, aunque hay que usarlo con precaución, ya que algunas personas no pueden soportar el olor o el sabor del ajo.

El **jengibre** potencia el poder de cualquier hechizo. Brinda potencia y velocidad sin límite a toda la magia. Ingiere jengibre cristalizado o jengibre encurtido (jengibre para sushi) antes de realizar un hechizo o espolvorea jengibre en polvo en una bolsita para añadir potencia a tu trabajo. Ralla 2 cucharadas de jengibre crudo en una taza y media de agua y lleva a ebullición durante quince minutos, y, a continuación, agrega miel. Bébelo para aumentar tu poder mágico o mézclalo con vino (puede ser sin alcohol) para obtener una potente poción de amor y de afrodisíaco.

Las **uvas**, ya sean frescas o en forma de pasas, se utilizan para mejorar la fertilidad. También son eficaces para atraer riqueza.

El **puerro** protege de muchas cosas, incluido el aumento de peso. Es levemente diurético. Debido a su forma fálica, el puerro se utiliza para la fertilidad. Además, es muy protector.

Los **limones** se pueden usar para limpiar objetos de forma energética. Mezcla el jugo de limón con agua y lava los objetos con esta mezcla. También puedes dejar reposar la cáscara de limón en agua y usarla para una limpieza energética. Coloca limones cortados en el agua de la bañera para tu baño preparativo antes de un ritual (más información en el capítulo 8). Mezcla limón con miel y agua caliente para curar un resfriado. ¡Incluso puedes usar un limón como monigote!

Come l**echuga**. Envuelve las hojas de lechuga en toallas de papel y colócalas debajo de la almohada para dormir bien por la noche.

La **lima** tiene los mismos usos que el limón.

La **mejorana** es una hierba fabulosa que atrae el amor y la prosperidad. También protege si lo llevas en una bolsita a modo de amuleto.

Las **hojas de menta** se pueden usar para aliviar los dolores de cabeza, especialmente cuando se mezclan con hojas de rosa. Esta preparación se frota en las sienes y la frente. Se puede preparar una infusión de menta o una bebida con menta como afrodisíaco. Para ello, mezcla una cucharada de jugo de limón con diez hojas de menta (tritura las hojas o prepara una tintura de las hojas antes de añadir el jugo de limón), luego aplícate el preparado en la cara para combatir el acné e iluminar tu piel. Si dispones de tierra de Fuller (Multani-mitti) en casa, incorpora una cucharada de esta arcilla con una docena de hojas de menta molidas, media cucharada de miel y media cucharada de yogur natural. Luego, úsala como mascarilla para una piel limpia; aplícatela de manera consciente y pronuncia un conjuro adecuado para mejorar la claridad de la piel. Déjala actuar durante veinte minutos antes de enjuagarte. Guarda unas cuantas hojas de menta en tu cartera para atraer la prosperidad. Usa ramitas de menta y romero para rociar el agua bendita pagana por la casa como parte de un ritual de limpieza de tu hogar. La menta es un catalizador de la magia, así que guárdala en tu altar durante los trabajos de magia.

La **nuez moscada** puede utilizarse en hechizos de prosperidad. Espolvorea nuez moscada molida como incienso y agrégala al sobre o recipiente para tu hechizo. Si quemas papel, espolvorea nuez moscada sobre el fuego mientras el papel se quema.

La **avena** es otro alimento básico de la cocina que atrae prosperidad.

El **aceite de oliva** se puede usar como aceite de unción. Dibuja un pentagrama rodeado en la frente de los participantes en el ritual como bendición después de lanzar el círculo y antes de realizar cualquier trabajo mágico. Se puede usar también como aceite de unción para la curación.

Las **aceitunas** se pueden comer como afrodisíaco.

La **cebolla** se emplea para eliminar las enfermedades y las energías negativas. Coge una cebolla y córtala por la mitad. Luego, coloca la mitad debajo de la cama de cualquier persona que esté enferma o afectada de alguna manera; desecha la cebolla por la mañana o, mejor aún, entiérrala, ¡no te la comas!

Las **naranjas** tienen muchos usos. Pueden atraer el amor y la prosperidad.

El vino que contiene cáscara de naranja seca es una poción de amor y un afrodisíaco.

¡La **papaya** sirve para el amor! Las semillas son ligeramente picantes, con un sabor que recuerda a las semillas de capuchina. El sabor picante significa que las semillas son protectoras y también confieren poder a cualquier hechizo. Puedes comer unas cuantas semillas mientras ejecutas un hechizo para obtener más poder o añadir las semillas al hechizo en sí.

El **perejil** es un afrodisíaco y también se puede utilizar en los períodos de fertilidad. Pon un poco de perejil en tu baño de preparación antes de un ritual de purificación.

Los **melocotones** son dulces y vellosos, y portan un amor dulce. También aportan sabiduría.

Las **peras** también son dulces y traen un dulce amor. Comparte una pera con tu pareja como afrodisíaco.

Las **nueces** son buenas para los hechizos de prosperidad.

La **pimienta** se usa para desterrar y proteger. La pimienta negra y la pimienta blanca se emplean para rechazar, aunque no tanto como el ají, la pimienta de cayena, el chile jalapeño y similares. Usa pimienta negra junto con sal para proteger tu propiedad del mal. Extiende la mezcla por todo el perímetro. La menta mejora los poderes psíquicos y asegura un sueño profundo. Utilízala también para la purificación. Pon aceite esencial de menta en bolas de algodón para mantener alejados a los ratones.

El zumo de **piña** puede moderar la libido y reducir la lujuria.

Los **pistachos** contrarrestan cualquier hechizo de amor que alguien te haya hecho.

La **granada** es un fruto de la transformación. Agrega semillas o zumo de granada a cualquier hechizo que deba manifestar un cambio de vida significativo.

Las **patatas** se pueden usar como monigotes. Decórala con una cara. Usa palillos para brazos y piernas, un mechón de perejil para el cabello o cabezas de cerillas para los ojos. Sé creativo.

Las **frambuesas** son dulces y bonitas, y, por lo tanto, atraen el amor.

El **arroz** es otro alimento básico de la cocina con propiedades muy mágicas. Lleva contigo una bolsita de arroz para protegerte del mal. Úsalo en hechizos de prosperidad. No hay problemas en usar arroz crudo fuera. Es un mito que el arroz crudo dañe a las aves, así que adelante, y coloca un poco de arroz en el techo para protegerte de la mala suerte.

Quema ramitas de **romero** y trasládalas por la casa mientras la limpias. Además, quema el romero antes de realizar cualquier magia para eliminar las energías negativas. El romero también garantiza un buen sueño si se coloca debajo de una almohada o funda de almohada, y protege durante el descanso. Úsalo en tu baño preparatorio antes de cualquier ritual como agente limpiador energético. El romero también se puede usar en hechizos de amor, como afrodisíaco y para curar y sanar. Asimismo, es un excelente sustitutivo del olíbano. Si tienes una receta para la que se necesite olíbano y no tienes ninguno, usa romero en su lugar. El romero es un poderoso limpiador energético.

El **azafrán** es una sustancia de amor. Úsalo en hechizos para atraer el amor hacia ti y como afrodisíaco. Debido a su coste, también es potente en los hechizos de prosperidad. Prepara una infusión débil de azafrán y bébetela antes de cualquier tipo de adivinación, ya que potencia los poderes psíquicos; este té también ayuda a prevenir el dolor y la tristeza.

La **sal** es limpiadora. Es un «Don Limpio energético», así que úsala con cuidado. Eliminará todas las energías, tanto positivas como negativas.

Las **semillas de sésamo** son afrodisíacas y también ayudan en los hechizos de prosperidad. Asimismo, pueden revelar lo que está oculto y abrir puertas que se habían cerrado para ti. Úsalas en hechizos para manifestar nuevas oportunidades y eliminar barreras.

Las **fresas**, como muchas bayas, son dulces y bonitas, y, por lo tanto, atraen el amor.

Quema **hojas de té** como incienso para la prosperidad y agrégalas a cualquier recipiente que utilices para un hechizo de prosperidad. Si prendes papel en un hechizo de prosperidad, esparce hojas de té negro sobre el fuego para dar más poder al hechizo.

El **tomillo** es una poderosa hierba curativa. Quémalo como incienso mientras realizas hechizos de sanación y otros trabajos de curación. Usa el tomillo como ayuda para dormir quemándolo antes de acostarte; también puedes colocarlo debajo de una almohada o en la funda de la almohada. Quémalo antes del trabajo adivinatorio para mejorar los poderes psíquicos. Quema el tomillo durante las limpiezas de la casa y antes de los rituales y los trabajos de magia.

La **cúrcuma** es purificante. Agrega cúrcuma al agua bendita pagana, pero sólo si la vas a usar en el exterior, ya que la cúrcuma mancha mucho.

La **vainilla** mejora la libido y atrae la lujuria.

Ejercicio: magia gastronómica

Necesitarás:

- © acceso a tu armario de cocina;
- © lápiz y papel para documentar tus hallazgos;

Piensa en tus objetivos. Elige uno de ellos y, a continuación, busca algo en tu cocina que respalde ese objetivo. Piensa en cómo podrías usar esa correspondencia en tu hechizo.

CORRESPONDENCIAS FLORALES

Agregar flores frescas o partes de plantas a tus hechizos les confiere poder. Para muchos es algo increíblemente satisfactorio. Sólo incluiré unas cuantas flores, ya que se trata de un vasto campo en sí mismo. Menciono aquellas que quizás ya tengas en una maceta en casa o en tu jardín, así como flores que puedes encontrar fácilmente en una tienda. ¡Piensa en esta lista como un comienzo y recuerda que no todas estas flores son comestibles!

El hecho de que no aparezca como tóxico en esta lista no significa que puedas ingerirla. He señalado específicamente algunas que son comestibles. Investiga siempre antes de ingerir cualquier cosa para tus trabajos. También quiero señalar que esta lista es para flores y partes de plantas que puedes usar para hacer capas para hechizos de papel y otros hechizos en los que los materiales se desecharán de alguna manera. ¡Las partes frescas de las plantas se descomponen! Así, por ejemplo, no debes usar correspondencias florales en los trabajos de hechizos que deban permanecer en tu altar durante varias semanas.

El **aloe vera** es fácil de cuidar, por lo que si te encuentras en una situación en la que necesitas que las cosas sean más fáciles, ésta es una buena planta, ya que exige pocos cuidados. El aloe vera se usa generalmente para la sanación, las emociones y la protección de los hechizos debido a sus propiedades curativas naturales en erupciones y quemaduras. Debido a que es bueno para la piel, se emplea en hechizos que realzan la belleza.

La **amarilis** es un símbolo de belleza, por lo que es adecuada para aportar un toque de belleza, es decir, cualquier hechizo que te haga lucir especialmente atractiva. La amarilis es tóxica, así que no la ingieras.

La **flor del manzano** se usa para buscar la fama. Si trabajas en un proyecto pero no te dan crédito por ello, emplea la flor de manzano en un hechizo para mejorar tu visibilidad.

Arbor vitae significa «árbol de la vida». Vive durante un tiempo casi inimaginable, a veces más de mil años. Debido a ello, es una buena planta para usar en hechizos en los que se pida mayor longevidad y buena salud. La madera ahuyenta a las termitas y, por lo tanto, se puede utilizar en hechizos contra las plagas. Tradicionalmente, también se empleaba para hacer que las amistades duren. La arbor vitae es irritante, así que no lo ingieras.

La **azalea** es perfecta para la moderación en todas las cosas. Usa azalea en los hechizos para moderar el exceso de indulgencia con cualquier cosa, ya sea comida, alcohol, juegos de azar, juegos de ordenador o cualquier otra cosa. Esta planta es tóxica, no la ingieras.

La **buganvilla**, cuando se encuentra en el clima y el suelo adecuados, es muy fuerte. Por lo tanto, es bueno usarla en hechizos de resistencia y de longevidad. Florece en abundancia, por lo que funciona bien en hechizos de prosperidad. Su belleza hace sonreír a casi todos los rostros y, por ese motivo, se vincula a la alegría. Tiende a inspirar asombro y puede devolver la creencia en la magia.

El **cactus** es protector gracias a que tiene espinas. Al igual que los espejos, se pueden colocar en cada dirección cardinal de la casa para evitar cualquier cosa con intenciones hostiles.

La **manzanilla** es relajante y calmante. Úsala en hechizos para combatir el insomnio o las pesadillas. Puedes moler las flores y emplearlas como incienso para dormir bien. Si tienes acceso a manzanilla orgánica seca o fresca, puedes preparar una infusión. También puedes comprar bolsitas de té para hacer una infusión de manzanilla. Una infusión fuerte también aclara sutilmente los tonos rubios del cabello cuando se usa como enjuague.

Los **claveles** son curativos y protectores. Algunas personas son alérgicas a las hojas, por lo que es posible que necesites usar guantes. Los pétalos de las flores son comestibles si no están tratados con pesticidas o teñidas con sustancias desconocidas.

Los **crisantemos** son protectores. Además, te levantan el ánimo y te ayudan a combatir los pensamientos negativos. Úsalos en hechizos para ayudar a disipar las creencias falsas sobre ti mismo.

El *Crocus* porta alegría en primavera, por supuesto, y también se puede utilizar en hechizos de amor. Como llegan tan temprano en primavera, pueden usarse para bendecir nuevas iniciativas.

La **forsythia** puede ser sustituida. Nota: el *Crocus* de otoño, que no es real, es muy venenoso. Muchos de los verdaderos también son tóxicos, así que no los ingieras.

La **equinácea** es un catalizador mágico y fortalece los hechizos. Agrega equinácea fresca o seca a cualquier hechizo para aumentar su poder.

Los **geranios** son protectores. Son excepcionalmente protectores contra el diálogo interno negativo. Úsalo en hechizos para mejorar la confianza y tu visión de ti mismo. Crecen fácilmente a partir de esquejes; antes de que te des cuenta, tendrás una casa llena de ellos. Por lo tanto, también son un símbolo de fertilidad y prosperidad.

El **hibisco** aumenta la libido. La infusión de hibisco está disponible en bolsitas de té, aunque es bastante ácida. También puedes usar las flores secas en los hechizos de amor.

¡Los **jacintos** portan alegría! También promueven un sueño reparador y previenen las pesadillas. La mejor manera de usar los jacintos es colocarlos en macetas en la habitación donde se está realizando el hechizo. Los bulbos contienen un irritante, así que hay que manipularlos sólo con guantes y no ingerirlos.

La **lantana** es una planta resistente y puede ser invasiva en algunas áreas. Debido a esto, la lantana se puede usar en hechizos para el aguante, la resistencia o la resiliencia. La lantana es fácil de cultivar y, por lo tanto, es buena para los hechizos de prosperidad. También es muy hermosa, así que si tu objetivo es mejorar el aspecto de tu hogar o de ti mismo, la lantana es una excelente opción para incorporarla a tu hechizo. Ten en cuenta que la lantana es tóxica para los seres humanos y puede ser mortal para los animales. ¡No la ingieras!

La **lavanda** sirve para el amor. También brinda calma, paz y un sueño reparador. Pon lavanda seca en una funda de almohada. Su aroma ayuda a mejorar el estado de ánimo y puede ayudar a combatir la depresión y el dolor. Lanza un hechizo de alegría en una bolsita de lavanda y guárdala en tu bolsillo. Colócatela cada cierto tiempo debajo de la nariz para inhalar la fragancia de vez en cuando y sentirte contento y satisfecho durante el día. La lavanda también limpia y purifica.

Las **lilas** ahuyentan el mal. Se trata de una planta excelente para tener en los bordes de tu propiedad. Debido a que florecen durante muy poco tiempo, es bueno utilizarlas en hechizos en los que desees estar activo sólo durante un breve período de tiempo o para algo que desees manifestar sólo durante un tiempo limitado. Por ejemplo, si deseas lanzar un hechizo para un viaje, pero te preocupa que sea contraproducente y acabe desplazándote, añade lilas al hechizo para reforzar que el viaje tiene un límite de tiempo.

¡Las **capuchinas** son muy versátiles! Si coges las flores y muerdes la punta delgada, puedes chupar una pequeña cantidad de néctar de cada una. Sabiendo esto, puedes usar las flores en cualquier hechizo que necesite dulzura, como los tarros de miel. Las flores son comestibles y se pueden incorporar en las ensaladas a menos que hayan sido rociadas con pesticidas. En el lenguaje de las flores de la época victoriana, representaba la conquista. Si empleas capuchina para representar una conquista, hazlo con cautela, ya que puede resultar contraproducente si no eres preciso a la hora de formular tu hechizo. La capuchina también puede ser de ayuda para el profesor distraído, la persona que descuida tanto su yo emocional como físico con fines intelectuales. Las hojas, que también son comestibles, tienen forma de escudos, por lo que pueden usarse para protegerse o proteger la propiedad de acuerdo con la ley de semejanza.

Los **tulipanes** son para tener siempre suficiente y buena suerte.

CORRESPONDENCIAS SOBRE ACEITES Y FRAGANCIAS

Los aceites esenciales tienen la misma magia que la planta de la que se extraen. No todos los aceites esenciales provienen de hierbas, especias u otros alimentos que utilizamos en la cocina. Muchos proceden de plantas aromáticas.

Los inciensos están constituidos de partes de plantas, por ejemplo, especias, hierbas, flores, semillas molidas, aceites esenciales, resinas y gomas trituradas, madera molida, corteza molida o raíces molidas. Los inciensos tienen las mismas propiedades mágicas que las plantas o los árboles de los que proceden. En este apartado, enumeraré algunos aceites e inciensos que son buenos para tener a mano, así como sus correspondencias.

El **cedro** es limpiador, purificador y protector. El cedro atrae el dinero y, por tanto, es excelente para los hechizos de prosperidad. Además, ayuda a establecer el espacio sagrado, mejora el sexto sentido, apoya la adivinación y mejora el poder mágico.

La **esclarea** (*Salvia sclarea*) no es la misma planta que la salvia común o de jardín (*Salvia officinalis*). *Salvia sclarea* purifica y relaja, y mejora el estado de ánimo. Aporta claridad y ayuda a la clarividencia y a la clariaudiencia. También sostiene la intuición y la conexión con el espíritu. Puede ayudarte a obtener claridad sobre tu camino.

El **copal** es purificador y también atrae el amor. Su aroma es dulce, por lo que puedes quemarlo y arrojar un poco de humo en un tarro de miel justo antes de cerrarlo. Mezcla copal con olíbano y mirra para conseguir un exquisito incienso que purifica tu espacio mágico y amplifica el poder de tus hechizos.

La **sangre de dragón** es una resina roja de varios tipos de árboles. Es protectora y excelente para las limpiezas de las casas, ya que ahuyenta la negatividad y cualquier cosa mala. Es un catalizador mágico y potencia el poder de otros inciensos y aceites.

El **olíbano**, como la sangre de dragón, aleja la negatividad y todo lo malo. Eleva la resonancia personal con lo divino. Usa olíbano para crear un espacio sagrado. El olíbano es común en las mezclas de incienso utilizadas en la Iglesia católica.

El **jazmín** atrae el amor, especialmente el amor no físico. Mejora la elegancia, el equilibrio y la gracia, y crea prosperidad.

El **almizcle** es, ante todo, un aroma afrodisíaco que atrae la lujuria y la pasión. Ayuda a equilibrar tus aspectos internos masculinos y femeninos, y favorece el *chakra* sacro.

La **mirra** es purificadora y sanadora. Mejora la magia de otros inciensos y llena un espacio de comodidad y paz. Proporciona conexión con lo divino y crea una atmósfera etérea y de otro mundo para las prácticas mágicas tanto en un sentido mundano como espiritual.

El **pachulí** promueve la prosperidad y la fertilidad, propiedades que a menudo van de la mano. También atrae el amor y la lujuria. Al igual que la emparentada menta, es un catalizador de la magia.

El **pino** es curativo y sanador. Quemar agujas de pino es purificador. Es posible que desees conservar algunas agujas de tu árbol de Yule o de Navidad, si dispones de uno, para usarlas durante todo el año. El pino también se asocia con la fertilidad y la prosperidad.

La **rosa** alivia los dolores de cabeza. En magia, también se emplea para dibujar el amor y realzar la belleza.

Te preguntarás por qué no he mencionado el popular Nag Champa. **Nag Champa** es una fragancia maravillosa, pero es una mezcla, y no existe un estándar para ello. Los ingredientes exactos varían según el fabricante, por lo que no existe forma de decir con certeza cuáles son las propiedades mágicas de una preparación particular de Nag Champa. Si es tu olor favorito y deseas usarlo como la fragancia que usas para todos los trabajos mágicos, funcionará. Ninguna mezcla de Nag Champa, que yo sepa, tiene nada que impida el funcionamiento mágico, y utilizarla repetidamente te pondrá en la mentalidad mágica adecuada, lo que aumentará tus poderes.

Aroma mágico

Otra forma de poner capas a tu magia y hacer que estés concentrado es rodearte de las fragancias que apoyan tu objetivo. Agrega cualquier hierba que hayas utilizado para hacer hechizos a un disco de carbón o hierve una olla pequeña de agua con las hierbas a modo de popurrí.

Es posible que ya tengas a mano algunos aceites esenciales que usas en tu casa. Con un difusor de aceite, tu hogar se llena de esa magia, ¡así que deberías emplearlo! Cuando añadas aceite a un difusor, hazlo con la intención de manifestar un objetivo respaldado por el aceite que estás utilizando. Si has realizado un hechizo con hierbas, puedes agregar los aceites esenciales de las hierbas que has empleado.

Puedes comprar remedios florales de Bach y aplicar unas gotas en tu lengua. No obstante, son bastante caras. Si existen varitas de incienso normal para la fragancia que elijas, ésa es una manera fácil y rápida de añadir el aroma a tu vida.

También puedes agregar aceites esenciales al 70 % de alcohol isopropílico (o más) y reservarlos en una botella de aerosol para usarlos como desinfectante de manos. Si necesitas usar mascarilla, puedes rociar ligeramente su interior con el mismo espray. Deja que se seque bien antes de ponerte la mascarilla. ¡Tu mascarilla olerá de maravilla!

Asimismo puedes elaborar aceites con los que ungirte mientras visualizas un objetivo que se está manifestando. Mezcla los aceites esenciales con un aceite portador y frótalelo en las muñecas, como si se tratara de un perfume. Agrega un total de treinta y cinco gotas de aceite esencial a diez mililitros de aceite portador en una botella de roll on y agítala bien antes de cada uso. Si preparas una cantidad considerable, agrega un poco de aceite de vitamina E, ya que ayudará a que se conserve la preparación.

Cuando mezclas aceites para aplicártelos, es bueno tener en cuenta sus aromas, además de sus propiedades mágicas. Si vas a usar un aceite, querrás algo que huela bien. La ciencia que se encuentra detrás de lograr un olor agradable al hacer una mezcla de aceites aromáticos es la misma que para elaborar un perfume: utiliza una nota de salida fresca, ligera y vibrante para dar una primera impresión de la fragancia. La nota superior se disipa con bastante rapidez. Cualquier aceite cítrico tiene una buena nota de salida, lo mismo que el jengibre y la menta.

Utiliza una nota intermedia ligeramente más pesada y compleja para intervenir cuando la nota superior se desvanezca. Los buenos aceites de notas medias son la canela, la lavanda, la salvia, la rosa, el jazmín y el romero. *Salvia sclarea* y la lavanda a veces se clasifican como notas altas.

Usa una nota de fondo calmante que permanezca en la piel y dé una impresión duradera de la fragancia en general. Las buenas notas de fondo son vainilla, almizcle, olíbano y pachulí.

Capítulo 6

LOS CUATRO ELEMENTOS

L os cuatro elementos no son abracadabra. Los elementos se documentaron en los Vedas ya en el año 400 a. C., y posiblemente miles de años antes.

Cada elemento está asociado a una dirección cardinal: norte, este, sur u oeste. Personalmente, trabajo con las direcciones elementales de acuerdo con su ubicación astrológica. Sin embargo, incluso en astrología, hay más de una forma de asociar las estaciones con los elementos. Yo sigo el enfoque descrito por Mike Nichols.[1] Según éste, el signo fijo de la temporada, es decir, el signo que se encuentra a mitad de la temporada, la ancla y determina su elemento.

En mi práctica, la tierra está en el este, el fuego en el sur, el agua en el oeste y el aire en el norte. Muchos practicantes de magia trabajan, en cambio, con la tierra en el norte y el aire en el este. Las personas que practican magia y trabajan en círculo invocan las energías elementales desde la dirección cardinal asociada con el elemento en su práctica. Decántate por el enfoque que te parezca adecuado.

Cada uno de los elementos está asociado con una familia de seres denominados elementales que portan energía elemental y se com-

---

1. Nichols, M. (1989). *Re-Thinking the Watchtowers.*

ponen de ella, pero también son sustanciales. Cada elemento tiene su propio tipo de elemental y cada familia tiene muchos subtipos.

Las energías de los elementos necesitan estar presentes para que un objetivo se manifieste en el plano físico. En este capítulo explicaré los cuatro elementos en detalle para que puedas encontrar las correspondencias apropiadas para tu trabajo de hechizos.

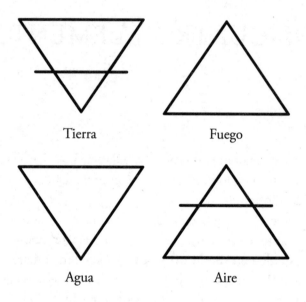

Tierra   Fuego

Agua   Aire

Símbolos elementales

Los símbolos elementales masculinos, aire y fuego, son ambos fálicos y apuntan hacia arriba. Los símbolos elementales femeninos son receptáculos, receptivos. No es una coincidencia. También es interesante que los dos elementos que casi todas las tradiciones mágicas sitúan en los mismos lugares, el fuego en el sur y el agua en el oeste, no tengan travesaño. Ésta es una manera fácil de recordar qué símbolo es qué. Los dos elementos que algunas tradiciones mágicas sitúan en diferentes direcciones (aire y tierra) tienen ambos travesaños. Esto no tiene un gran significado que yo sepa, pero es muy útil cuando se trata de aprender qué símbolo es qué.

Tierra

El elemento tierra es la diosa abundante y fértil o la tierra en crecimiento. Se asocia con la primavera, la mañana y los nuevos comienzos.

La temporada de primavera está anclada por Tauro, que es un signo de tierra.

El elemento tierra está en el este y tiene energía receptiva.

Los seres elementales de la tierra son los gnomos. El gnomo típico es firme, corto y robusto. Los gnomos trabajan con piedras y metales preciosos. Los elfos, los duendes de los árboles, los brownies escoceses y los espíritus del bosque también son de la familia de los gnomos.

Usa elementos que simbolicen la tierra cada vez que tu magia consista en manifestar objetos, elementos y cosas que los sustantivos puedan describir. Un pentáculo es la herramienta tradicional. Otros objetos que representan la tierra son la tierra, la sal, las semillas, los cristales, los tambores, las monedas y los escudos. La mayoría de los mamíferos representan también el elemento tierra.

La tierra representa los objetos, la estabilidad, los cimientos, la toma de tierra, la seguridad, la firmeza, la manifestación, las energías nutritivas, la prosperidad, la fertilidad y la vida en ciernes. La tierra también representa las cosas de la vida que necesitas, las cosas tangibles que tocas, como la comida, la ropa y los bienes consumibles.

Las deidades son enteras y santas, mientras que las energías elementales son muy unidimensionales y concentradas. Aun así, algunos dioses son más del elemento tierra que otros. Las deidades de la fertilidad como Deméter, Frey y Freya, la diosa védica de la tierra Pritivi y la diosa terrestre primordial griega Gaia tienen fuertes asociaciones con el elemento tierra.

El pentáculo es la herramienta que se utiliza para llevar energía a este reino desde el otro lado.

La correspondencia de colores para el elemento tierra es el verde.

FUEGO

La temporada de verano está anclada por Leo, que es un signo de fuego.

El elemento fuego está en el sur y tiene energía proyectiva.

Los elementales del fuego son las salamandras, que o bien son lagartijas como una bola ardiente o una criatura parecida a un humano lamida por las llamas.

Usa objetos que representen el fuego si tu magia está a punto de manifestar acciones o pasiones. La varita es la herramienta tradicional, aunque en algunas tradiciones es el *athame* (cuchillo mágico) o la espada. Otros objetos que representan el fuego son velas, linternas, salamandras, escobas, bastones, narguile, licor, todo tipo de objetos fálicos, cascabeles, sistrones, aceites, perfumes de todo tipo, cosas que encienden la pasión, los braseros y el fuego real. Las criaturas, míticas y reales, asociadas con el fuego incluyen dragones, hormigas de fuego, salamandras, serpientes y el fénix.

El fuego representa la acción, la pasión, la ambición, el deseo, el impulso, el poder, los actos instintivos, el fervor, el entusiasmo por las tareas, la valentía, la ferocidad y el gusto. El fuego también representa las cosas que uno hace en la vida, como los deportes y el ejercicio.

Hestia, la diosa griega del hogar, está asociada al fuego, igual que Helios, el dios del sol, la novia celta y el dios hindú del fuego Agni.

La varita es la herramienta que se utiliza para dirigir la energía del fuego a un objeto receptivo. Por ejemplo, la varita dirigiría la energía hacia el pentáculo cuando éste se empleaba para manifestarse. Usa la varita mágica para lograr cambios, hacer que tus planes se hagan realidad, cambiar los hábitos e infundir pasión.

La correspondencia de colores para el elemento fuego es el rojo.

Agua

La temporada de otoño está anclada por Escorpio, que es un signo de agua.

El elemento agua está en el oeste y tiene energía receptiva.

Los elementales del agua son las ondinas, que son humanoides y fluidas. Los tritones y las ninfas de ríos, lagos y océanos son todos de la familia Ondina.

Trabaja con cosas que representen el agua cuando tu magia tiene que ver con las emociones, la muerte y la iniciación (y, por lo tanto, el renacimiento y la transformación), la adivinación, la curación o la sanación. El cáliz es la herramienta tradicional. Otras representaciones del agua son los espejos, las copas, las conchas marinas, las sirenas, el vino, la copa, las herramientas de adivinación de todo tipo, las pociones, los palos de lluvia, las burbujas y las representaciones de la luna. Los peces, los moluscos como las ostras y los mejillones, las estrellas de mar, las ranas, los delfines, las ballenas y las tortugas también representan el elemento agua.

El agua implica emociones, sanación, curación, compasión, intuición, poderes psíquicos y cambios. El agua también representa las cosas que se sienten en la vida, como la ansiedad, la alegría, la felicidad, el amor y la tristeza.

Algunas deidades estrechamente relacionadas con el agua son Poseidón, el dios griego del océano; Varuna, el dios védico del agua; Njord, un dios nórdico del mar; y Aegir, que en el mito nórdico personifica el mar.

El cáliz es la herramienta que se utiliza para conectarse con otros, comunicarse directamente con la deidad y ver a través del velo para contactar con los espíritus. Usa el cáliz en pociones para sanar, curar, adivinar y conectarte con tus seres queridos. En los rituales formales, el agua se mezcla con la sal y se usa para bendecir el círculo y a los participantes con los elementos de la tierra y el agua a través de la aspersión. En algunos rituales, el agua se emplea como bendición dibujando un pentagrama en la frente de cada participante.

La correspondencia de colores para el elemento agua es el azul.

AIRE

La temporada de invierno está anclada por Acuario, que es un signo de aire.

El elemento aire está en el norte y tiene energía proyectiva.

Los elementales del aire son los silfos, que son altos, delgados y etéreos. A veces se muestran como criaturas aladas, parecidas a los humanos.

Trabaja con cosas que representen el aire siempre que tu magia tenga que ver con el intelecto, el aprendizaje o la música. El *athame* de mango negro o la espada es la herramienta tradicional, aunque en algunas tradiciones es la varita. Otros objetos que representan el aire son plumas, incienso, campanillas, instrumentos de viento, humo, incensarios, bolígrafos, abanicos, cualquier cuchilla, libros, plumas, partituras, campanas y cualquier cosa que estimule el pensamiento. Los pájaros, los murciélagos, las libélulas y las mariposas son del aire.

El aire representa el aprendizaje, la sabiduría, la música, la mente, el análisis, la comunicación, el pensamiento claro, la organización, la estrategia y la diplomacia. El aire también representa tus pensamientos.

Algunas deidades asociadas con el aire son Boreas, dios griego del viento del norte; Vayu, dios hindú del viento, y Saraswati, diosa hindú del conocimiento, el aprendizaje y la música. Algunas tradiciones asocian a Saraswati con el agua debido a su origen como la diosa de un río.

El *athame* es la herramienta que se utiliza para controlar el espacio, detener las energías proyectivas negativas dirigidas hacia ti, crear un espacio sagrado y consagrar otras herramientas. Usa el *athame* cuando necesites transmitir ideas, ganar una discusión, tomar el control de una situación, aprender una nueva habilidad, tocar un instrumento, pasar una prueba u otra actividad relacionada con el aire. El *athame* es una herramienta puramente ritual y nunca se usa para cortar nada. Es tradicional tener un cuchillo de mango blanco, un *bolline*, para cortar cosas durante el ritual.

La correspondencia de colores para el elemento aire es el amarillo.

Tablas de correspondencias elementales

Estas tablas mencionan las correspondencias elementales que se utilizan con más frecuencia.

Elemento	Color	Punto cardinal	Hora del día	Estación del año
Tierra	verde	este	mañana, amanecer	primavera
Fuego	rojo	sur	tarde, mediodía	verano
Agua	azul	oeste	Atardecer, puesta del sol	otoño
Aire	amarillo	norte	noche, medianoche	invierno

Elemento	Herramienta mágica	Características	Ser elememtal	Animal
Tierra	pentáculo	objetos relacionados con la tierra, constancia, nutritivo, prosperidad, fertilidad	gnomos	mamíferos
Fuego	varita (*athame* o espada en algunas tradiciones)	acciones, ambición, pasión, fervor, actuación, intrepidez	salamandra	reptiles
Agua	Cáliz	emociones, empatía, compasión, sanación	ondina	peces, crustáceos, medusa
Aire	*athame* o espada (varita en algunas tradiciones)	pensamientos, intelecto, musicalidad, análisis	pájaros silfos	pájaros, mariposas, libélulas

Elemento	Palo del tarot	Palo de cartas	Cristales o piedras	Signo zodiacal
Tierra	pentáculos (también conocido como oros o monedas)	diamantes	rubí, jaspe rojo, obsidiana, turmalina negra	Tauro, Virgo, Capricornio
Fuego	varita (también conocidas como bastones o porras)	trébol	citrino, oro, ojo de tigre, pirita, topacio amarillo	Aries, Leo, Sagitario
Agua	copas	corazones	cornalina, calcita naranja, cobre, aventurina naranja (roja), ámbar	Cáncer, Escorpio, Piscis
Aire	espadas	picas	cuarzo de rosa, esmeralda, piedra de sangre, cianita (verde)	Géminis, Libra, Acuario

Elemento	Género	Instrumentos	Sustancias	Objetos
Tierra	femenino, receptivo	tambores	sal	objetos de madera, rocas, piedras
Fuego	masculino, proyectivo	sistros, cascabeles	llama	velas, aceites, espíritus, perfumes
Agua	femenino, receptivo	instrumentos de cuerdas (en algunas tradiciones)	agua, vino	cuencos, tazas, herramientas de adivinación, sirenas, conchas, perlas
Aire	masculino, proyectivo	instrumentos de viento	humo del incienso	incienso, campanas, abanicos, plumas

El amplio significado de los elementos

Las correspondencias enumeradas en este capítulo son las más utilizadas hoy en día, pero los hechiceros también emplean otras correspondencias de color.

En el nivel básico, todos los cristales y piedras son tierra y todos los instrumentos musicales son aire. Sin embargo, es más complicado y complejo que eso, como se muestra en estas correspondencias. Las correspondencias de cristales, por ejemplo, se basan en el sistema de *chakras* de los centros de energía del cuerpo. Una vez más, estas tablas no son de ninguna manera exhaustivas.

Hechizos usando sólo los elementos

Vístete para el tiempo del momento y, luego, sal a la calle. Busca un lugar en el que puedas estar tranquilo durante unos minutos. Ahora intenta interactuar directamente con los elementos con un simple trabajo de hechizos. Asegúrate de elegir una intención específica antes de empezar.

A continuación se muestran algunos ejemplos de cómo se podría hacer:

- Para obtener un hechizo de prosperidad, dirígete hacia el este y pronuncia las siguientes palabras: «Yo prospero. Siempre estoy seguro. Estoy estable y conectado con la tierra. Soy uno con la tierra».
- Si buscas un momento de ambición, dirígete hacia el sur y di: «Tengo pasión y ambición y no tengo miedo. Soy uno con el fuego».
- Si buscas un hechizo para las emociones, dirígete hacia el oeste y pronuncia: «Tengo empatía, compasión y una intuición muy afinada. Soy uno con el agua».

- Para un hechizo intelectual, gírate hacia el norte y di: «Tengo un intelecto y una maestría musical fuerte. Tengo la capacidad de desprenderme cuando es necesario. Soy uno con el aire».

- Si se adapta a tus creencias religiosas, puedes terminar mirando hacia arriba y pronunciando un hechizo espiritual. Por ejemplo: «Soy el hijo de la Señora y del Señor. Soy uno con el Espíritu».

- Este ritual es rápido y sencillo, y constituye una excelente manera de empezar cada día. Si el clima no es adecuado para salir a la calle, lo hago cuando me ducho por la mañana.

Capítulo 7

CONJUROS Y ENERGÍA

Expresar el objetivo que deseas manifestar de forma precisa pero breve es vital para escribir un hechizo exitoso. Redacciones detalladas, con muchas palabras que no se refieren directamente a la intención, diluyen el poder del hechizo. Un hechizo que utilice un conjuro potente y sin ambigüedades tiene muchas más probabilidades de éxito. Este capítulo detallará cómo escribir conjuros efectivos pero simples.

Trabajar con energía es otro componente del trabajo con hechizos. Para ejecutar tus hechizos, también debes ser experto en potenciarlos con energía. Este capítulo te explicará también cómo hacerlo.

CONJUROS

Para crear hechizos, tradicionalmente, se escriben conjuros que rimen. Si te resulta difícil escribir en verso, intenta usar un diccionario de rimas. Recuerda que no vas a participar en un concurso de poesía. Tu conjuro puede ser simple y, desde la perspectiva de la poesía, felizmente vergonzoso. Si tu encantamiento no tiene una métrica, no pasa nada. Si la tiene, genial.

Si decides no escribir en verso, concéntrate en hacer que tu conjuro sea lo más claro y preciso posible. Recuerda considerar las formas en que tu hechizo podría ser contraproducente; asegúrate de cubrir esos agujeros.

Además, recuerda que el universo no entiende bien las negaciones, así que evita usar las palabras no, no debes y similares. Expresa tu conjuro en positivo y en el presente. A continuación, se muestran algunos ejemplos de conjuros breves que riman.

- Ayer tuve una caída desgraciada, pero hoy estoy como si nada, por el mayor bien de todos, que así sea.
- A los clientes diciendo, hoy doce lecturas de tarot vendo. Con el tarot soy clarividente y hoy tendré doce clientes, por el mayor bien de todos, que así sea.
- Apruebo el examen fácilmente, voy a por el sobresaliente, por el mayor bien de todos, así que más te vale.
- (Mientras te pones las zapatillas de correr): con magia me ato el cordón, así soy el campeón, por el mayor bien de todos, que así sea.
  - Nota: este hechizo está en el límite de lo que es ético. Algunos te dirían que esto no es ético porque va en contra de los otros competidores. Creo firmemente que tienes derecho a promover tu propio bien si no va en contra de otra persona en particular.
- Soy ganador, todo está a mi favor, estoy sano y salvo, perdí diez kilos y estoy delgado como un galgo, por el mayor bien de todos, que así sea.

¿Verdad que captas la idea? También puedes escribir conjuros más largos si lo deseas, siempre y cuando lo que escribas especifique mejor tu intención. Hay un ejemplo por debajo del título «Actuar de acuerdo con» tus objetivos con un hechizo más largo y sin rimas.

Como habrás advertido, cada uno de los ejemplos de conjuros termina con «Por el mayor bien de todos, que así sea». La primera parte de esa frase asegura que el hechizo no impactará de manera accidental de un modo negativo a otra persona. La segunda parte es una forma tradicional de añadir energía. Una variante es «Es mi voluntad, que así sea».

Ejercicio: conjuros que riman

Necesitarás:
@ lápiz y papel.

Para uno de tus objetivos, escribe un conjuro que rime, si es posible. Si hacer rimas es un desafío, simplemente repite tu objetivo en un lenguaje poético que consideres apropiado para ti.

Ejercicio: limpieza de casas

Necesitarás:
@ lápiz y papel;
@ sal;
@ hierbas depurativas (por ejemplo, laurel, lavanda y romero).

Escribe un conjuro para la limpieza de una casa. Asegúrate de que tus palabras indiquen claramente que los espíritus malignos o no deseados y las energías negativas deben irse y no regresar.

A continuación, toma la sal y las hierbas adecuadas de la alacena de tu cocina. Camina por la sala de estar en el sentido del sol y espolvorea pequeñas cantidades de la mezcla de sal y hierbas en cada una de las esquinas mientras cantas el conjuro.

Por último, esparce la preparación en cada alfombra y en cada área que tenga alfombra de pared a pared mientras cantas el conjuro. Aspira inmediatamente las alfombras y moquetas para que la sal y las especias no se incrusten en ellas. En suelos sin moquetas, puedes dejar la mezcla en las esquinas para protegerlos.

AUMENTAR LA ENERGÍA PARA POTENCIAR UN HECHIZO

Para que cualquier hechizo funcione, necesitas crear el resultado deseado en el plano astral y, luego, enviar energía al plano físico en el momento y lugar en el que deseas que se manifieste la meta. Es posible que hayas escuchado la expresión aumentar el poder. La potencia es la velocidad a la que envías o recibes energía. Hay muchas formas de crear la energía necesaria para que un hechizo se manifieste. Usar varias simultáneamente es la manera más eficaz de potenciar un hechizo. Éstas son algunas formas con las que puedes aumentar el poder:

- Deja que el objeto que contiene el hechizo permanezca a la luz de la luna para cargarlo de energía. Luego, podrás usar esa energía cuando lances el hechizo. Los conjuros se han utilizado durante milenios para aumentar la energía.
- Cuantas más veces se pronuncia un encantamiento, más energía se generará. Del mismo modo, si el conjuro se pronuncia como un canto en lugar de decirlo, se aumenta aún más la energía.
- La forma más importante de acumular energía para los hechizos es centrarse en el resultado deseado, en las emociones que rodean ese resultado y en la visualización. Recuerda que la visualización es un paso fundamental para crear la meta en el plano astral.
- Extraer energía del universo y, al mismo tiempo, sacar energía de la Tierra potenciará muchísimo un hechizo. Para ello, vi-

sualiza la luz blanca que procede del universo y entra por la parte superior de tu cabeza, mientras que la energía roja viene del centro de la tierra y entra por tus pies. Visualiza la luz blanca que desciende hacia tu corazón y la luz roja que se traslada hacia arriba para encontrarse con la luz blanca también a la altura de tu corazón. En este momento, la energía puede adquirir un color verde o un tono arcoíris. Observa el círculo de energía que rodea tu corazón y, luego, viaja hacia abajo a través del brazo, hacia afuera a través de tu mano proyectiva y hacia el objeto que contiene tu hechizo. Observa cómo la energía restante viaja por tu brazo receptivo, y viceversa, para unirse a la energía que rodea tu corazón. A medida que te vuelvas más experto en gestionar este flujo de energía, puedes dejar que la energía se traslade por ambos brazos y hacia el objeto y, luego, hacia arriba a través de cada brazo, de modo que fluya hacia arriba y hacia abajo en cada brazo.

Cuando envíes el hechizo para que haga su trabajo, lleva la energía al momento y al lugar en el físico donde visualizas el objetivo como algo manifiesto.

Usa tu respiración para dirigir la energía mágica

En lugar de emplear las manos para dirigir la energía mágica, puedes usar la respiración. Utilizar la respiración es especialmente útil para dirigir la energía curativa a rozaduras, arañazos y golpes. Mi madre siempre hacía esto cuando me lesionaba de niña. Es reconfortante porque puedes sentir el contacto de la respiración.

Para usar esta técnica, extrae energía de la tierra hacia arriba y hacia abajo del universo. En lugar de que las energías se unan en tu corazón, haz que se encuentren en tu garganta. Luego, sopla por la boca y envía la energía al objetivo de tu respiración. La energía soplada funciona para cualquier hechizo.

Usa tus ojos para dirigir la energía mágica

Para este método, extrae energía como antes, pero deja que ésta llegue a tus ojos esta vez. Luego, envía la energía con tus ojos al objeto que estás energizando.

A medida que adquieras experiencia, podrás enviar energía simultáneamente a través de las manos (ya sean las palmas de las manos o los dedos), la respiración y los ojos.

Energía para viajes astrales

Los hechizos para viajes astrales no necesitan nada más que tu mente. Son rápidos pero potentes. Ya has establecido tu objetivo en un cronograma, así que sabes cuándo debe manifestarse. Ahora, en tu mente, recorre la línea temporal hasta ese punto.

Observa dónde estás cuando la meta se manifieste. Entra en tu cuerpo en el futuro. Estás ahí. Concéntrate en cómo es estar allí. Escucha y oye lo que oirás, mira a tu alrededor y ve lo que verás y, lo más importante, examina tus reacciones y siente lo que sentirás cuando tu objetivo se haya manifestado.

Fíjate en lo que estás pensando. Si adviertes algún olor o sabor, toma nota de ellos también. Regresa a tu cuerpo en el aquí y el ahora, y pronuncia las siguientes palabras: «Por el mayor bien de todos, que así sea».

De esta manera, has creado la meta manifiesta de una forma muy profunda en el plano astral. Has enviado muchísima energía al lugar y el momento de manifestación de tu objetivo. El universo sabe todo acerca de la situación en la que se manifiesta la meta y se adaptará para que así sea.

DOCUMENTAR O NO DOCUMENTAR

Al lanzar un hechizo, ¿debes anotar lo que hiciste? Las opiniones sobre este tema varían mucho. Algunos afirman: «En absoluto. Documentar un hechizo arruinaría la magia». Éstas son las brujas de «realízalo y olvídalo». El motivo es que si documentas un hechizo, volverás a mirarlo antes de que haya tenido tiempo de concretarse y enviarás dudas al universo. Para que tu hechizo funcione, debes tener absoluta confianza en que lo hará. Si lo dudas, duda es lo que creas en el universo. Cuando éste refleja dudas, lo más probable es que el universo no manifieste lo que buscabas. ¿Por qué debería hacerlo? Se entera de que existe incertidumbre acerca de si esto debe manifestarse. Por lo tanto, el argumento es que después de lanzar tu hechizo, debes olvidarlo activamente para que no puedas dudar de ello.

Por otro lado, hay una buena razón para documentar lo que hiciste. En el caso de una forma-pensamiento, que puede permanecer de manera indefinida, ¡querrás poder volver atrás y buscar para qué la programaste! (Hablaremos más sobre las formas-pensamiento en el capítulo 12).

Si has realizado un hechizo con mucho éxito, es probable que desees utilizarlo como modelo en futuros hechizos, por lo que sería útil disponer de documentación de referencia. Asimismo, en el caso de un hechizo que no tuvo éxito, después de que haya transcurrido el tiempo para que el objetivo se manifieste, es posible que desees volver atrás y analizar qué salió mal. Podrías preguntarte:

- ¿Habré buscado la correspondencia correcta?
- ¿Trabajé con una deidad apropiada?
- ¿Era adecuado y razonable mi cronograma?
- ¿Apunté y ejecuté los pasos para *actuar de acuerdo con* mi objetivo?

Es difícil realizar este análisis si no tienes todos los detalles anotados.

Por supuesto, existe una larga tradición de documentar hechizos. Un grimorio es un libro de hechizos y conjuros. El *Atharvaveda*, que forma parte de uno de los libros más antiguos del mundo, está repleto de hechizos, al igual que la *Clave de Salomón*. Además, muchos brujos tienen hechizos escritos en su libro de las sombras, en especial si no guardan un grimorio independiente para los hechizos.

Personalmente, documento hechizos que son complejos y dejo que los más rápidos pasen sin documentarlos. Disponer de hechizos complejos escritos me ahorra tiempo si quiero volver a hacer el hechizo una vez que tenga la misma necesidad. Por ejemplo, una vez aprendí de Gavin Bone un hechizo para vender propiedades. Comprendí cómo funcionaba y lo anoté. Lo he usado con éxito varias veces y no tuve que sentarme y dedicar tiempo a crear un nuevo hechizo, sólo tuve que buscarlo y lanzarlo.

Como puedes ver, me inclino mucho en la dirección de la documentación. Tengo suficiente autocontrol como para no andar por ahí preocupándome por un hechizo que he lanzado, ni tampoco dudo de mí misma mientras está en vuelo. Si esto es algo que puede resultarte problemático, existen algunos trucos. Puedes usar pinzas para mantener las páginas cerradas si has documentado tus hechizos en un libro físico. Si lo hiciste digitalmente, guarda cada hechizo que esté en ejecución en un archivo separado hasta que el hechizo tenga éxito o se haya agotado el tiempo de espera.

Tanto si decides documentar tus hechizos como si no, siempre debes documentar los pasos para *actuar de acuerdo con* tu objetivo. Incluso si sólo hay unos pocos pasos y parecen simples, anótalos. De esta manera, tienes una forma de medir tu progreso. También necesitarás documentar los pasos si tienes que modificar el hechizo y lanzarlo de nuevo más adelante.

Muchas personas que practican magia guardan libros hermosos para documentar sus hechizos; esto era especialmente común en el pasado. Todavía puedes encontrar bellos libros o carpetas hechos a mano en los mercados. Pero también puedes anotar tus hechizos en un cuaderno o carpeta normal o guardarlos en un cuaderno digital.

Una carpeta facilita la organización de los hechizos por tipo o por fecha, y las carpetas también permiten añadir notas más adelante sobre el éxito o el fracaso del trabajo. Dicho esto, los libros de hechizos digitales son cada vez más comunes. Si guardas tu colección de hechizos en la nube, los libros de hechizos digitales tienen la gran ventaja de que son accesibles desde cualquier lugar donde tengas acceso a Internet. Y de esta manera tu colección también está a salvo de la pérdida o el robo. Los libros físicos que contienen hechizos pueden resultar atractivos para los practicantes de magia poco éticos, aunque por lo general no funcionan bien para el ladrón. Si utilizas un libro físico, asegúrate de protegerlo con un hechizo para evitar el robo o la pérdida.

Ejercicio: libro de hechizos

Como ya he señalado antes, me parece muy útil documentar los hechizos, excepto los más sencillos. Si decides no documentar tus hechizos, puedes saltarte este ejercicio o puedes usarlo para documentar los pasos para *actuar de acuerdo con* tu objetivo, que siempre debes anotar.

Tengo una carpeta de tres anillas que empleo para los hechizos y otra documentación mágica importante. Mi primera carpeta de anillas para este fin tenía bolsillos de plástico en las tapas delantera y trasera, y en ellos metía hojas de papel decoradas con símbolos protectores. Ahora dispongo de una carpeta con fundas de cuero que tiene un pentagrama rodeado en relieve. En un momento del pasado, usé un bonito cuaderno con un búho en relieve en la tapa. Puedes emplear cualquier cuaderno o carpeta que te atraiga. Decóralo con tus propios dibujos, fotografías, impresiones de Internet o materiales para álbumes de recortes. Guardo mis escritos más importantes y sagrados en un pequeño cuaderno encuadernado en cuero que me regalaron mis maestros. He incluido varios hechizos de protección en ese libro.

Cada vez más, uso un cuaderno digital, ya que viajo mucho y no llevo la carpeta conmigo. Una vez que regreso a casa, normalmente transcribo lo que hay en mi cuaderno digital a una página de mi carpeta. A veces imprimo algo de mi cuaderno digital y lo pego en una página de mi carpeta.

Necesitarás:

@ un cuaderno o una carpeta de anillas o un cuaderno digital.

Crea un libro de hechizos físico o digital. Aquí documentarás los hechizos que realices.

Si te has decantado por un libro físico, decóralo a tu gusto. Si es digital, busca los símbolos o imágenes apropiados y cópialos en la primera página del libro. Pon un hechizo de protección en el libro.

Capítulo 8

PREPARATIVOS PARA LA MAGIA

Estar preparado es esencial para la magia, al igual que para la mayoría de las actividades mundanas. Una de las cosas más importantes que puedes preparar es el lugar en el que practicarás la magia. Necesitas decidir qué tipo de energía quieres que tenga ese espacio. En algunas circunstancias, te sugiero que trabajes con un círculo mágico, aunque, en otras, no es necesario. Discutiremos cómo crear un círculo mágico más adelante en este capítulo.

Antes de hacer magia, también debes prepararte. Tanto tu cuerpo como tu mente deben estar preparados con energía para hacer el trabajo. También hablaremos de este tipo de preparación en este capítulo.

REALIZAR HECHIZOS CON O SIN CÍRCULO

Puedes realizar todos tus hechizos en un círculo wiccano si lo deseas. En este capítulo veremos cómo crear un círculo. Pero si consideras que un círculo no es necesario, entonces prescinde de él. Creo que la magia es más segura y poderosa cuando se realiza en círculo. El círculo retiene la energía que generas en su interior hasta que estás preparado para enviarla a través de la pared del círculo; no puede salir energía por error mientras realizas el hechizo.

Como suma sacerdotisa de la Wicca, tiendo a hacer el trabajo mágico dentro de un círculo. Dicho esto, no cabe duda de que los hechizos pueden realizarse de manera improvisada y sin círculo. Por ejemplo, una vez asistí a un concierto en el que uno de los coros que actuaba era muy mediocre. Pensé para mí misma (con mucha emoción), que el público se merecía algo mucho mejor. ¡Puedo formar un grupo y hacerlo mucho mejor que esto! Me visualicé a mí y a un grupo de cantantes en el lugar del coro actual, en ese lugar exacto y en ese evento anual. Apenas me di cuenta de que había lanzado un hechizo, pero por supuesto, lo hice. Uno o dos años más tarde (y durante varios años después), acabé teniendo un grupo que actuaba en el evento. El grupo recibió un gran reconocimiento, y un año, una cadena de televisión local incluso lo presentó en las noticias. El hechizo funcionó porque creía de corazón que el público se merecía una actuación mejor y más auténtica.

ESTABLECER UN CÍRCULO MÁGICO

Los cuatro elementos que se usan en magia son tierra, fuego, agua y aire. (Consulta de nuevo el capítulo 6 para más información sobre los elementos). Basta decir que las energías de los cuatro elementos necesitan estar presentes para que una meta se manifieste en el plano físico. La forma más efectiva y segura de hacerlo en mi mente es en un círculo, también llamado círculo mágico. El círculo contiene el poder generado por el hechizo hasta que el ejecutante de magia lo libera deliberadamente en el universo. El círculo también contiene las energías elementales en su interior.

Una persona que practica magia crea un círculo protector usando un conjuro. Luego, en el siguiente paso, llama a las energías elementales al círculo. Lanzar un círculo puede ser tan simple como caminar en forma circular, obtener energía con un conjuro y visualizar esa energía como una esfera eléctrica azul que te rodea. Mientras que algunas tradiciones mágicas tienen un conjuro estándar y específico para lanzar círculos, otras escriben uno nuevo para cada círculo. A veces, las personas que practican magia recitan un canto escrito con ese propósito. Para lanzar hechizos, puedes usar algo simple como: «Oh Círculo, te conjuro para que dejes entrar todo el amor y mantengas fuera todo el mal, para que contengas el poder mágico hasta que yo lo libere, y para que mantengas dentro las energías elementales».

Si decides escribir tu propio conjuro, las piezas clave que debes incluir son permitir lo positivo, evitar lo negativo/malo y contener la magia hasta que estés listo para lanzarla. Si trabajas con magia religiosa, también agregaría: «Te bendigo y te consagro en los nombres de [diosa] y/o [dios]». Esta frase es la estándar del círculo de la Wicca tradicional británica.

Después de lanzar tu círculo a través de tu conjuro, invocas a los elementos. La ubicación de éstos en la dirección cardinal es la tierra en el este, el fuego en el sur, el agua en el oeste y el aire en el norte. (Practico con el aire en el norte y la tierra en el este para ser coherente con las direcciones astrológicas de los elementos). Para que las energías elementales entren en el plano físico, necesitas tener una representación de cada uno de los elementos presentes en el círculo. Puedes usar un cuenco de tierra o sal para la tierra, una vela encendida para el fuego, un recipiente con agua para el agua e incienso encendido para el aire (donde el humo representa el aire). Luego, dibuja un pentagrama invocador y rodéalo en cada una de las cuatro direcciones cardinales mientras pronuncias un conjuro por cada cuarto. (Puedes encontrar más información sobre cómo invocar y desterrar pentagramas en el capítulo 4). Mientras caminas por el círculo en cada dirección cardinal, visualiza el reino del elemento correspondiente a través del pentágono en el centro del pentáculo y, luego, visualiza esa energía elemental entrando y girando alrededor del perímetro del círculo.

Si todo ese párrafo era incoherente para ti, invoca las energías elementales de la siguiente manera:

1. Colócate cerca del perímetro de tu círculo, en el este y mirando hacia el este, y declara: «Guardianes de los elementales del este, los invito a traer la energía elemental de la tierra». ¡Llegará la energía! Visualiza la energía verde girando alrededor del perímetro del círculo.
2. Haz lo mismo en el sur con el fuego y visualiza la energía roja girando alrededor del círculo.
3. En el oeste, llama al agua y visualiza la energía azul girando alrededor del círculo.
4. Finalmente, en el norte, invoca el aire y visualiza la energía amarilla girando alrededor del círculo.
5. Una vez que hayas llamado a las cuatro energías elementales, visualízalas fundiéndose en una energía brillante de color azul eléctrico alrededor del círculo.

Ten en cuenta que no tienes que seguir todos los pasos para lanzar un círculo si haces algo como un pequeño hechizo para añadir amor a la comida que estás preparando. Entonces, simplemente haz tu magia. Del mismo modo, si dibujas un pentagrama desterrante para lanzarlo a una energía negativa que viene hacia ti, simplemente hazlo. Cuándo y si se debe usar un círculo es situacional. ¡Emplea tu juicio!

Si trabajas con magia religiosa, puedes invitar a la deidad al círculo para que esté contigo. Recuerda darle las gracias más tarde.

A continuación, mira hacia el norte y describe a la deidad por su nombre y de al menos otras dos formas para que sepa que la estás llamando a ella y no a otra deidad o entidad. Por ejemplo: «Encantadora Freya, gloriosa portadora de amor y riqueza, hija de Njord y hermana de Frey, te invito a que asistas a este círculo y te pido que prestes tu poder mágico a mi trabajo».

Si deseas usar este ejemplo como guía para tu propia invocación, pero el lenguaje te parece limitado, puedes modificar la oración. Puedes sustituir «tú» por «usted» y «tu» por «su».

Ahora que tu círculo está lanzado y toda la energía ha sido invocada, ¡es hora de hacer el hechizo! Cuando lances tu hechizo, en el momento en que digas: «Que así sea», visualiza el poder que has creado para irrumpir en el universo.

Entonces es el momento de terminar las cosas. Si has invitado a una o varias deidades, dales las gracias mientras miras hacia el norte. Por ejemplo: «Encantadora Freya, te doy las gracias por asistir a este círculo y, antes de partir a tu agradable y encantador reino, te saludo y me despido».

La redacción anterior se basa, en parte, en el texto de las convocatorias de cierre del trimestre en la Wicca británica tradicional. De nuevo, puedes modificarla a tu gusto. Luego regresa al este y da las gracias a los guardianes. «Guardianes de los elementales del este, les doy las gracias por traer las energías elementales de la tierra y me despido de ustedes». Entonces haz una reverencia. Repite este procedimiento para cada elemento en la dirección correspondiente.

En algunos libros se indica que hay que moverse en sentido contrario al del sol al reabrir un círculo al final de un ritual o al acabar de lanzar un hechizo, pero yo siempre me muevo en sentido deosil (en el sentido del sol) en el círculo, incluso cuando se cierran los cuartos. Esto se debe a que ésta es la forma en que viajan el sol y la luna, con independencia de que salgan (comiencen) o se pongan (terminen).

***

Ahora que hemos discutido los conceptos básicos de lanzar un círculo, piensa si deseas o no lanzar un círculo antes de realizar un trabajo de hechizos. Si quieres trabajar en círculo, decide si planeas usar los conjuros que he proporcionado o si prefieres escribir los tuyos propios. Si vas a emplear los que se presentan aquí, apréndetelos de memoria ahora. No querrás leer un libro cuando necesitas concentrarte en el trabajo energético que estás realizando. Si deseas escribir tus propios conjuros, pruébalo ahora. Escribe un conjuro circular y llamadas trimestrales genéricas. Hazlos genéricos en el sentido de que no sean específicos de un objetivo en particular. De esta manera estarás preparado cuando llegue el momento de realizar tus hechizos.

Prepárate para la magia

Cuando haces magia, creas el resultado en el plano astral y canalizas la energía del universo en un momento y lugar específicos o para un propósito en concreto. Tú eres el conducto y, como tal, tu cuerpo y tu mente deben estar preparados.

Para que tu cuerpo esté listo para realizar un simple hechizo en cualquier momento del día, piensa en cada ducha que aproveches como una oportunidad para limpiarte tanto energética como físicamente. A medida que el agua limpia tu cuerpo, visualiza que esta también elimina cualquier energía negativa que pueda haber llegado a ti. Imagínate limpio y completo a nivel energético. Esta rutina te preparará adecuadamente para hechizos simples, como poner amor en tu comida.

Preparación adicional

Para un hechizo complejo en cuyo diseño hayas invertido mucho tiempo y esfuerzo, o para un hechizo que tenga un gran significado para ti, debes preparar aún más tu cuerpo y tu mente justo antes de lanzar el hechizo.

Si dispones de una bañera, un baño ritual es una excelente manera de prepararte. Antes de meterte en la bañera, date una ducha y observa cómo cualquier cosa negativa se elimina. Conéctate a tierra dejando que cualquier exceso de energía fluya hacia la Madre Tierra y extrae energía fresca de Ella.

Enciende inciensos o hierbas que purifiquen como el olíbano, la mirra, las hojas de laurel, el cedro, el tomillo, la albahaca, el clavo o la sangre de dragón. Luego, comienza a llenar la bañera con agua y agrégale hierbas o aceites limpiadores. Si decides agregar aceites esenciales, asegúrate de tener un cuentagotas y un aceite portador, como aceite de almendras, de oliva, de albaricoque o de jojoba. Con el cuentagotas, mezcla diez gotas de aceite esencial con una cucharada de aceite portador y, a continuación, agrega esta preparación al agua del baño. El aceite esencial de romero es una buena opción para la limpieza, al igual que el de olíbano o el de mirra. Ten mucho cuidado: agregar aceites a la bañera antes de entrar en ella podría hacer que la bañera se vuelva resbaladiza. Como alternativa, puedes esparcir un poco de sal de mesa al baño para purificarlo. Usa una sal no yodada, si es posible.

Enciende velas de colores que respalden tu objetivo (más información sobre las correspondencias de colores en el capítulo 5). Luego, entra y sumérgete en la bañera. Concéntrate en ti mismo y en el hechizo que vas a realizar. Aísla tu mente del mundo cotidiano y prepárate para la magia.

Cuando salgas de la bañera, apaga las velas encendidas y, a continuación, vístete con ropa limpia. Si tienes túnicas especiales u otras prendas que hayas reservado para hacer magia, éste es el momento de ponértelas. Disponer de un conjunto de ropa especial o única para hacer magia te ayuda a aprovechar tu poder a medida que te las pones. ¡Realmente puedes sentir el cambio de energía a tu alrededor! Las batas y las capas son opciones populares, pero cualquier cosa que uses sólo durante los trabajos mágicos está bien. Ten en cuenta que las batas y capas con mangas muy anchas tienen un aspecto y un tacto muy mágicos, pero pueden resultar peligrosos cuando se encienden velas.

A muchas personas les resulta útil disponer de un lugar especial para hacer magia, una superficie reservada para realizar hechizos. Puede ser tan simple como una tabla de cortar o una bandeja que se guarda después de cada uso mágico y no se emplea para ningún propósito cotidiano. El objeto acumulará poder mágico en sí mismo al ser utilizado repetidamente. Tener un objeto que puedas sacar para hacer magia también te ayuda a adoptar la mentalidad adecuada para la magia y a centrar la atención en el trabajo en cuestión.

Asimismo, resulta útil preparar el entorno antes de un trabajo de magia. Encender velas e incienso puede crear el ambiente y ayudarte a concentrarte. Puedes decántate por una fragancia de apoyo mágico para combinar la magia con un objetivo específico. Como alternativa, siempre puedes usar el mismo aroma de incienso durante el trabajo con hechizos, lo que te ayudará a cambiar tu mentalidad hacia la magia cuando lo enciendas. La sangre de dragón es apropiada, al igual que una mezcla de enebro, cedro y sándalo. Los tres últimos se pueden comprar de manera individual como varillas de incienso o conos, y se pueden quemar simultáneamente. También se pueden usar aceites esenciales. Si usas aceites esenciales, llena un quemador de aceite de aromaterapia con agua y añade dos o tres gotas de cada aceite al agua.

Por último, justo antes de comenzar a trabajar en tus hechizos, tómate un momento para recostarte, conectarte a tierra y centrarte. Cierra los ojos y respira hondo. Siente cómo estás conectado a la tierra. Imagina que las raíces crecen desde tus pies hasta la tierra y siente que el exceso de energía se escurre a través de estas raíces. Observa cómo esto te hace sentir equilibrado, estable y tranquilo. Encuentra la calma dentro de ti mismo. Luego, concéntrate en un punto entre el ombligo y el plexo solar, y céntrate en ti mismo durante un instante. Cuando te sientas preparado, visualízate arrancando tus raíces, pero no pierdas la conexión que has establecido con la tierra. Mantén la misma calma y quietud en tu interior. Abre los ojos. Ahora estás preparado para hacer magia.

Tercera parte

TIPOS DE HECHIZOS

Capítulo 9

LOS HECHIZOS MÁS COMUNES

Existe un número casi infinito de tipos de hechizos. Para este capítulo, he seleccionado los más comunes. Al elegir los hechizos, también me aseguré de que la forma en que funcionan es fácil de entender. La magia con velas, varios tipos de magia con cuerdas, la magia de los espejos, los hechizos de frasco y los hechizos de papel forman parte del repertorio de casi todos los que practican magia. Este capítulo también contiene otros tipos de hechizos que he considerado que son muy útiles a lo largo de los años y que quizás desees incluir en tu caja de herramientas mágica.

La magia con velas

Para hechizos mágicos básicos con velas, **necesitarás**:

- @ una vela, preferiblemente pequeña;
- @ cerillas o un encendedor;
- @ una superficie segura para quemar una vela;
- @ aceite(s) con el que ungir la vela;
- @ algo para grabar palabras y símbolos en la vela (opcional);
- @ lápices para pintar la cara o el cuerpo (opcional);
- @ servilleta o pañuelo de papel (necesario si se usa pintura);
- @ candelabro (opcional, útil para velas grandes).

Los hechizos de velas pueden ser tan simples como seleccionar una vela del color que representa el objetivo y encenderla mientras se visualiza el objetivo como manifiesto y, luego, quemarla por completo. Para que el hechizo se lance por completo al universo, toda la vela debe quemarse hasta que se extinga sola. Un hechizo parcialmente lanzado puede causar estragos y fallar con gravedad.

Asegúrate de que el candelabro que elijas pueda tolerar el calor resultante y que esté sobre una superficie que no se destruya ni se incendie. Como quieres que la vela se queme por completo, es recomendable elegir velas más pequeñas, a veces llamadas velas para hechizos. Para objetivos más modestos, puedes usar velas de cumpleaños. Si no dispones de un candelabro del tamaño adecuado, un trozo de papel de aluminio lo bastante grande como para mantener la vela estable funciona muy bien. Enciende la vela con intención mientras visualizas tu objetivo como se ha manifestado. Pronuncia tu conjuro mientras imbuyes la vela con tu intención y emoción, luego deja que la vela arda completamente. A continuación, algunos ejemplos de estos simples hechizos de velas son:

- @ Enciende una vela verde en busca de prosperidad (correspondencia del elemento tierra).

@ Enciende una vela roja para tener un buen desempeño en un evento deportivo (correspondencia del elemento fuego).

@ Enciende una vela azul para sanar y/o curar (correspondencia del elemento agua).

@ Enciende una vela amarilla para obtener buenos resultados en un examen académico (correspondencia del elemento aire).

@ Enciende una vela rosa para atraer el amor hacia ti (correspondencia con el *chakra* del corazón).

@ Enciende una vela amarilla para tener la fuerza necesaria para ponerte firme ante un problema (correspondencia con el *chakra* del plexo solar) y una vela azul para poder comunicar tu nuevo límite de forma clara, firme y diplomática (correspondencia con el *chakra* de la garganta).

Para objetivos más complejos o más importantes, hazte las preguntas del apartado «Revisa el ecosistema» del capítulo 2. Si estás listo, continúa para encontrar el lugar de la línea temporal en el que se manifestará su objetivo, como se ha descrito. A continuación, documenta los pasos que debes seguir para *actuar de acuerdo con* tu objetivo.

Los hechizos de vela más complejos implican tallar palabras y símbolos apropiados en la vela. Estos hechizos por lo general requieren una vela al menos del tamaño de una vela para hechizos. Sobre el tallado se puede aplicar un lápiz de pintura corporal o facial de un color adecuado para conseguir una capa mágica adicional. Los lápices normales suelen ser demasiado duros para este propósito. En su lugar, aplica la pintura facial por todo el tallado y luego limpia el exceso con una servilleta de papel o papel higiénico. El color permanecerá en las ranuras del tallado.

Es posible encontrar las velas de hechizo en algunas tiendas metafísicas y por Internet. Por lo general, las herramientas para tallar se pueden hallar en tu caja de herramientas o en una tienda de maquetas o de bellas artes. En una tienda física, se encuentran en el pasillo donde se guarda la arcilla.

Si sólo tienes a mano velas grandes, una alternativa a quemar toda la vela es clavar un alfiler en la vela un poco por debajo de la parte superior. Luego, haz que sólo la parte por encima del alfiler sea el foco del hechizo y enciende la vela hasta que caiga el alfiler. En este caso, puedes apagar entonces la vela. Como sólo la parte superior del alfiler estaba impregnada de la magia de tu hechizo, puedes volver a usar la misma vela para un hechizo diferente. Una nota: necesitas emplear una vela un poco blanda para que el alfiler penetre lo suficiente como para permanecer en su sitio.

Combinar el hechizo de vela con los aceites esenciales adecuados aumenta su potencia. Las correspondencias de aceites son un amplio campo de estudio y sólo se abordaron por encima en el capítulo 5. Una forma sencilla de trabajar con aceites de unción para los hechizos con velas es tener al menos un aceite de destierro y otro de manifestación. Para desterrar, comienza a ungir la vela en sus extremos y tira del aceite hacia el centro. Esto saca del universo lo que estás desterrando y lo quema. Para manifestarlo, pon el aceite en el centro de la vela y sácalo hacia los extremos. Hacer esto envía al universo lo que estás manifestando. Una forma alternativa de ungir una vela es empezar a poner el aceite en la parte inferior y extenderlo hacia arriba si el hechizo quiere manifestar algo nuevo. Vierte el aceite en la parte superior y espárcelo hacia abajo si tu hechizo sirve para desterrar algo de tu vida. Si unges una vela tallada, no pongas aceite donde estén las inscripciones de colores, ya que esto hará que el color sangre.

Si usas hierbas con la magia de tu vela, asegúrate de triturarlas y, luego, enrolla la parte inferior de la vela con ellas. Asegúrate de tener una protección ignífuga suficientemente grande debajo de la vela por si acaso se cae alguna chispa de las hierbas mientras prendes la vela.

Antes de hacer magia con velas, visualiza tu objetivo como manifiesto en el plano astral para crearlo en ese plano. Luego, carga la vela con energía y enciéndela mientras visualizas el lugar y el momento en que el objetivo debe manifestarse en el plano físico. La vela seguirá enviando la energía mágica mientras se quema. Cuando la vela se haya apagado, da el primer paso para *actuar de acuerdo con* tu objetivo.

Envía sanación o curación usando la magia con velas

Necesitarás:

- © una vela de un color apropiado para curar (por ejemplo, azul);
- © aceite para ungir la vela;
- © cerillas o un encendedor;
- © un lugar donde la vela pueda quemarse completamente de forma segura.

Pregunta a alguien que no se sienta bien debido a una dolencia menor o a alguien que esté triste si puedes enviarle sanación. Cuando un amigo esté de acuerdo, elige una vela del color apropiado. Recomiendo el azul. A continuación, decántate por un aceite esencial para ungir la vela, tal y como se describe en este capítulo. (El aceite de oliva funciona si no tienes un aceite adecuado en casa).

Cuando termines de ungir la vela, ponla en un lugar seguro y enciéndela. Mientras lo haces, visualiza la energía sanadora que sale de la tierra a través de tus pies y asciende hacia arriba. Visualiza también la energía sanadora que desciende del universo a través de la parte superior de tu cabeza y viaja hacia abajo. Observa cómo las energías se unen en tu corazón y atraviesan tus brazos.

Mantén las palmas abiertas hacia la vela encendida y visualiza la energía sanadora que va a la vela y de la vela a tu amigo. Visualiza a tu amigo sano y feliz. Como has imbuido toda la vela con el hechizo, deja que se queme por completo.

MAGIA CON CUERDAS

La magia con cuerdas funciona según el principio de bloqueo de la intención de un hechizo en una cuerda o un nudo. En este apartado, aprenderás varios tipos diferentes de magia con cuerdas.

La escalera de bruja

Una escalera de bruja es una cuerda en la que atas tu objetivo en nueve nudos, cada uno con la misma intención. A diferencia de la mayoría de los hechizos, puedes distribuir este trabajo en el tiempo atando un nudo cada vez. Si lo haces, asegúrate de tener coherencia con respecto al tiempo, por ejemplo, todos los días a la misma hora, cada dos días a la misma hora, cada luna creciente (arco de Diana), etc. Esa regularidad ayuda a generar poder.

Como harías con la magia con velas, comienza por hacerte las preguntas del apartado «Revisa el ecosistema» del capítulo 2. Si te sientes preparado para continuar, elige el momento adecuado para que se manifieste el objetivo y, a continuación, documenta los pasos para *actuar de acuerdo con* éste.

Para crear una escalera de brujas básica, se usa tradicionalmente una cuerda que tenga un múltiplo de nueve pulgadas (unos 25 cm), tres pies (unos 90 cm) o nueve pies (unos 2,75 m) de largo. Selecciona un color de cuerda que respalde tu objetivo. También puedes trenzar tres colores que apoyen tu objetivo para crear la cuerda.

Puedes encender una vela de té y dejar que la cera se derrita y, a continuación, sumergir los extremos de la cuerda en la cera, lejos de la llama o con la llama apagada. Esto sella los extremos de la cuerda con cera de vela y evita que se deshilachen.

Cómo se hace una escalera de bruja

Necesitarás:
- una cuerda con tres puntas;
- pluma;
- libro de sombras, grimorios o un cuaderno mágico para la documentación;
- objetos que respalden tu objetivo, que se unirán a la escalera (opcional).

Anota uno de tus objetivos. Vas a usarlo para crear una escalera de brujas. Sostén la parte superior de la cuerda con la mano no dominante. Con tu mano dominante, dibuja un pentagrama desterrante sobre la cuerda para limpiarlo. Visualiza cualquier oscuridad en la cuerda que se hunda en el suelo y en la tierra, donde se transmutará.

Consagra la cuerda dibujando un pentagrama invocador sobre ella mientras visualizas la energía roja que procede del suelo y se eleva a través de los pies, de las piernas y hacia el torso. Observa cómo la energía roja capta tonos anaranjados varios centímetros por debajo del ombligo. Cerca del plexo solar, parte de la energía se vuelve amarilla y el verde se añade a la mezcla cercana al corazón. Además, visualiza la energía brillante violeta y blanca que procede del universo hasta la parte superior de tu cabeza y viaja hacia abajo. En la frente, cierta energía adquiere tonos de púrpura e índigo; en la garganta, algo de energía capta tonos azules, y en el corazón se agrega un poco de verde. Cuando las dos corrientes de energía se encuentran en tu corazón, crean una fuente de energía brillante con los colores del arcoíris. A continuación, visualiza los destellos del arcoíris que descienden por el brazo izquierdo y salen por la mano izquierda a través del cordón y de vuelta a la mano derecha, a través del brazo derecho y de regreso al corazón. Por último, visualiza cómo se mueve la energía en este círculo durante aproximadamente un minuto. Observa cómo brilla la cuerda con las energías del arcoíris. Tu cuerda ahora está limpia y consagrada.

Carga la cuerda con cada uno de los elementos. Si te hallas en un círculo, lleva la cuerda a tu altar. Frota un poco de harina de maíz o tierra sobre ella, pásala rápidamente a través de la llama de la vela del cuarto sur, sumérgela en el agua y desplázala por el humo del incienso. Luego, dirígete en sentido deosil (en el sentido del sol) hacia el cuarto este (dirección cardinal) y pronuncia las siguientes palabras: «Te encomiendo [o a usted] el elemento tierra». A continuación, ve hacia el sur y carga la cuerda con el elemento fuego utilizando esta misma declaración modificando el nombre del elemento. Luego, dirígete hacia el oeste para cargar la cuerda con el elemento agua y hacia el norte para cargarla con el elemento aire. La cuerda está lista para recibir su programación.

La forma tradicional de programar la cuerda es atando nueve nudos con ella. Puedes atar elementos de soporte al cordón o simplemente hacer nudos. Es bastante habitual atar plumas en los nudos, pero puedes elegir otros elementos que apoyen tu objetivo por correspondencia. Si prefieres no incluir nada en tus nudos, también está bien.

Ahora es el momento de cantar y hacer nudos. Visualiza el objetivo ya manifestado mientras cantas y atas los nudos utilizando el siguiente patrón y cantos tradicionales:

Con el nudo primero, el hechizo empiezo,	1--------
Con el nudo segundo, se realizará seguro,	1-------2
Con el nudo tercero, obtengo lo que deseo,	1---3---2
Con el nudo cuarto, el poder guardo,	1-4-3---2
Con el nudo quinto, doy vida al hechizo,	1-4-3-5-2
Con el nudo sexto, afirmo que ya lo tengo,	164-3-5-2
Con el nudo séptimo, ocurrirá lo que pido,	164-3-572
Con el nudo octavo, el destino ato,	16483-572
Con el nudo noveno, el hechizo está hecho.	164839572.[1]

1. Adams, A.: *Brujas y Magos: historia, tradiciones y prácticas de la magia blanca.* EDAF, 2007. *(N. del T.)*
   Existe esta referencia o la página web www.abracademica.com/l/la-escalera-de-bruja-maldicion-pendulo-rosario-y-amuleto/
   Con el nudo primero, el hechizo empiezo,
   Por nudo de DOS, se hace realidad 1-2.
   Por un nudo de TRES, así que sea 1-3-2.
   Por nudo de CUATRO, el poder que almaceno 1-4-3-2.
   Por nudo de CINCO, el hechizo está vivo 1-4-3-5-2.
   Por nudo de SEIS, este hechizo lo arreglo 164-3-5-2.
   Por nudo de SIETE, eventos fermentaré 164-3-572.
   Por nudo de OCHO, mi será el destino 16483-572.
   Por nudo de nueve, lo que está hecho es mío 164839572.

Pon la escalera de bruja en la tierra para manifestarla. Tan pronto como hayas enterrado la cuerda, da el primer paso para *actuar de acuerdo con* tu objetivo. Luego, a medida que la cuerda se deteriore, la intención se enviará al universo.

Una alternativa a enterrar la cuerda es abrir los nudos, uno cada vez, en el mismo orden en que los ataste, usando el mismo conjuro para liberar el poder de cada nudo. Si se da el caso de que tu cuerda es sintética, entonces debes utilizar este método. Las cuerdas sintéticas no se deteriorarán si las entierras, al menos no en un período de tiempo razonable. Desecha la cuerda una vez que hayas desatado los nudos.

Ejercicio: variante de la escalera de bruja

Este ejercicio es casi exactamente el mismo que el anterior, excepto por la siguiente variación: primero, debes escribir tu objetivo y, luego, agregarle ocho detalles o mejoras. Un ejemplo de ello sería:

1. Soy dueño de una casa en la que puedo vivir.
2. Mi casa está en una zona segura.
3. Mi casa está convenientemente situada cerca de donde trabajo, tiene acceso a senderos naturales y tiene supermercados cercanos.
4. Mi casa tiene al menos dos dormitorios.
5. Mi casa tiene al menos un baño y medio.
6. Mi casa tiene un jardín donde puedo cultivar verdura, hierbas, fruta y bayas.
7. Mi casa tiene un garaje para dos coches.
8. Mi casa tiene un área reservada para trabajos mágicos.

9. Mi casa tiene una cocina con al menos un horno, una encimera de, como mínimo, cuatro quemadores. La cocina también tiene un lavaplatos, un refrigerador y un congelador.

Continúa con los pasos del ejercicio anterior de escalera de bruja, pero cuando hagas los nudos, visualiza cada aspecto independiente de tu objetivo a medida que atas el nudo correspondiente al número. Visualiza un aspecto por cada nudo.

Magia con cuerdas para protegerse contra robos

Necesitarás:
© un trozo de cordel o hilo de lana fino de unos 25 cm.

Toma un trozo de cordel o hilo de lana fino de unos 25 cm. Colócate frente al objeto que deseas proteger. Visualiza un anillo protector alrededor del objeto y, a continuación, visualiza ese anillo entrando en la cuerda o el hilo mientras haces un nudo en él. Coloca la cuerda junto al objeto y visualiza el anillo protector que viene del nudo.

Este hechizo se basa en la ley de la semejanza. Al atar el nudo, estás atando el objeto adonde se encuentra.

Pronuncia las siguientes palabras: «Al hacer este nudo, le pongo protección contra el robo o la pérdida, por el mayor bien de todos, que así sea».

Tu objeto está seguro. Recuerda desatar el nudo antes de mover o usar el objeto.

Hechizo de trenza simple

Necesitarás:

- © tres cuerdas, ya sean de unos 25 cm, unos 90 cm o unos 2,75 m de largo;
- © pluma o bolígrafo;
- © libro de sombras, grimorios o un cuaderno mágico para la documentación.

En este hechizo, centras tu objetivo en toda la cuerda. Para hechizos rápidos y simples, tres cuerdas delgadas de unos 25 cm funcionarán bien. Para trabajos más serios, usa tres cuerdas de unos 90 cm o tres cuerdas de unos 2,75 m. Trabajar con tres cuerdas de unos 2,75 m precisará una cantidad significativa de tiempo para trenzarse (es posible que de una a dos horas, según la rapidez con la que se trenza) y, por lo tanto, tendrá una magia más potente.

Para empezar, prepara las cuerdas como lo harías en el caso de una escalera de brujas tradicional. A continuación, limpia los tres hilos y sella los bordes con cera. Escribe un breve conjuro relacionado con tu objetivo, preferiblemente con rima y métrica. Lo dirás muchas veces. Empieza a trenzar las tres cuerdas. Visualiza tu objetivo como ya manifestado, trenzando mientras pronuncias el conjuro. Al hacer esto, la meta se fija con firmeza en la cuerda. Cuando llegues al final, ata los tres extremos para que la trenza no se deshaga. Ahora puedes ponerte la trenza, enterrarla fuera o esconderla en un árbol.

MAGIA DE ESPEJOS

Un espejo mágico puede ser de obsidiana muy pulida (también llamada espejo de adivinación debido a su uso común) o un espejo normal con marco. En cualquier caso, cuando consigas tu espejo mágico por primera vez, debes limpiarlo. La limpieza se puede realizar enterrando el espejo durante un tiempo en suciedad, sumergiéndolo en agua corriente, limpiándolo con limón, sumergiéndolo en agua salada y aclarándolo después o agitándolo en humo de incienso. También puedes rodear el espejo con cristales de cianita y citrino para limpiarlo.

Si empleas un espejo normal con marco, el marco se suele decorar con los símbolos mágicos de tu elección. Por ejemplo, decántate por un espejo con un marco blanco y decóralo con pintura dorada o plateada, o elige un espejo con un marco oscuro y decóralo con pintura dorada, plateada o blanca.

Algunos espejos mágicos son cóncavos. Por desgracia, pueden ser difíciles de encontrar, y los de gran calidad pueden ser caros.

Limpiar con un espejo mágico

Una vez que tu espejo mágico esté limpio, podrás emplearlo para limpiar otras cosas. Coloca sobre el espejo el objeto que deseas limpiar. La imagen reflejada del objeto absorberá cualquier suciedad en el objeto. Cuando retires el objeto del espejo, la imagen reflejada desaparecerá y se llevará consigo las energías indeseables. Por lo general, no es necesario limpiar un espejo mágico después de usarlo, ya que toda la maldad ha desaparecido.

Hechizo de espejo para la confianza

Necesitarás:
- © un espejo mágico;
- © conjuro;
- © pluma o bolígrafo;
- © libro de sombras, grimorios o un cuaderno mágico para la documentación.

De pie, sujeta tu espejo mágico frente a tu rostro. Estira la espalda, mantén los hombros hacia abajo y levanta un poco la barbilla.

Deja que tus ojos se desenfoquen y visualízate en el espejo como la persona que quieres ser: fuerte, segura de sí misma y con la apariencia que deseas. Expresa un conjuro apropiado, por ejemplo: «Soy poderoso, no tengo miedo, estoy preparado» mientras lo haces.

Pronuncia el conjuro tres veces, cada vez más alto. Después de la tercera vez, baja rápidamente el espejo y siéntate. Relájate.

Un hechizo de espejo para el amor propio

Necesitarás:
- un espejo mágico;
- dos velas;
- cerillas o un encendedor;
- una mesa en la que sentarte;
- pluma o bolígrafo;
- papel.

Siéntate en una mesa donde hayas colocado un par de velas a unos metros de distancia de ti. Una vela debe estar un poco a la izquierda y la otra un poco a la derecha.

En una hoja de papel, escribe lo que quieres sentir contigo mismo, pero dirígete a ti mismo en segunda persona, por ejemplo: «Te amo», «Estoy feliz contigo», «Me gustas mucho», y otras declaraciones similares de amor propio.

Apaga las luces o reduce su intensidad. Enciende las dos velas. Levanta tu espejo mágico y mírate bien. Sonríete, sonríe de verdad. Luego, pronuncia en el espejo las declaraciones que escribiste en el papel. Sigue sonriendo.

También es una buena idea recordar sonreírte a ti mismo cada vez que te veas en un espejo normal.

Hechizos de frasco

Un hechizo de frasco es cualquier hechizo que se encuentre en un frasco. Puede que hayas oído hablar de la botella de bruja; es un tipo de hechizo de frasco.

Para hacer un hechizo de frasco, como de costumbre, comprueba la solidez de lo que manifiestas. Si decides afirmar algo, define el tiempo y los pasos necesarios para *actuar de acuerdo con* ello. Luego, selecciona un frasco de tamaño pequeño o mediano. Un tarro de comida para niños pequeños suele tener aproximadamente el tamaño correcto. Si planeas añadir muchos objetos a tu hechizo de frasco, decántate por un tarro de mermelada. Limpia el frasco físicamente y, luego, límpialo enérgicamente dejándolo reposar a la luz de la luna o bajo la lluvia durante la noche.

Una vez que el frasco vacío esté limpio, colócalo en tu altar con la intención de que manifieste tu objetivo. Poner un frasco vacío en tu altar lo cargará de energía mágica. Si no trabajas con un altar, vuelve a colocar el frasco a la luz de la luna con la intención de cargarlo.

El siguiente paso consiste en añadir objetos mágicos al frasco. Mientras visualizas tu objetivo como manifiesto, llena el frasco con objetos que correspondan al objetivo que deseas manifestar. Puedes llenar el frasco con cristales, imágenes de tu objetivo u objetos de colores que se correspondan con tu objetivo. Puedes añadir gotas de un aceite esencial que respalde tu objetivo o crear una infusión o tintura (hierbas empapadas en alcohol) con hierbas que apoyen tu objetivo y añadirlas al frasco.

Una vez que hayas incorporado todos tus objetos, oculta el frasco donde nunca lo encuentres. Esto suele implicar cavar un pozo relativamente profundo y enterrarlo. Si el frasco se rompe o se encuentra, el hechizo se rompe. Si estás creando un frasco de protección para una casa que se está construyendo, por ejemplo, puedes colocarlo entre los montantes de la pared para que quede integrado en el marco de la casa.

Botella de bruja

Necesitarás:

- un frasco de vidrio con tapa;
- un lugar para esconder el frasco;
- algo de la persona que hay que proteger (por ejemplo, cabello o uñas, recortes u orina);
- clavos y alfileres;
- conjuro de protección escrito con anterioridad;
- pluma o bolígrafo;
- libro de sombras, grimorios o un cuaderno mágico para la documentación;
- aceite esencial de romero o incienso (opcional).

Por lo general, una botella de bruja se crea para proteger a alguien de hechizos lanzados contra él. Por este motivo, contiene algo para conectar la botella con la persona, normalmente su orina o su cabello, y elementos de protección, como clavos y alfileres, que ahuyenten los hechizos que se envían a la persona para la que se hizo el frasco. También puedes añadir algo que purifique, por ejemplo, aceite de romero o incienso, para purgar y aniquilar el mal que haya quedado en la botella.

Asegúrate de realizar un conjuro de protección al llenar el frasco.

Una vez más, la botella de una bruja debe estar escondida. Si el frasco se rompe o se halla, la protección concluye. Como cualquier hechizo de frasco, la forma más común de asegurarse de que no se encuentre la botella de bruja es enterrarla.

Hechizo de frasco de miel

Necesitarás:

- un frasco de vidrio con tapa;
- un lugar para enterrar el frasco;
- papel o corteza de abedul para escribir;
- pluma o bolígrafo;
- libro de sombras, grimorios o un cuaderno mágico para la documentación;
- un edulcorante (por ejemplo, miel, jarabe o agua azucarada);
- cera de abejas;
- un conjuro de amor escrito con anterioridad (opcional);
- símbolos de dulzura (opcional).

El hechizo de frasco de miel se usa cuando necesitas convertirte en una persona mejor, más dulce, más cariñosa y más adorable. Una pareja también puede emplearlo para fortalecer su amor mutuo. Es una parte hermosa de un enlace matrimonial. Todos los asistentes pueden ayudar a cargar el frasco para la pareja o, si la pareja lo prefiere, pueden elegir ser los únicos que añadan energía al recipiente. Si a la pareja le gusta tener más privacidad, pueden crear un tarro de miel solos antes o después de la ceremonia.

Para crear un tarro de miel, necesitarás un frasco con tapa, algo para escribir y un edulcorante. Como su nombre indica, la miel es tradicional, pero cualquier edulcorante natural servirá. El edulcorante es el ingrediente que endulzará a la persona o sus sentimientos.

Como con cualquier hechizo de frasco, comienza limpiando físicamente y energéticamente el tarro y cargándolo. Cuando estés listo para crear el hechizo, escribe tu nombre si el hechizo es sólo para ti. Si el hechizo es para ti y tu pareja, anota los nombres de ambos. A algunas personas les gusta escribir los nombres noventa grados uno sobre el otro. Lo hagas como lo hagas, debe ser lo más bonito posible. ¡Lo quieres DULCE! Agrega corazones, rosas y cualquier otro símbolo que represente el tipo de dulzura que deseas manifestar con el hechizo. Asegúrate de concentrarte en tu intención al decorar.

Luego, coloca el papel dentro del frasco. Si lo deseas, también puedes incluir rosas reales y otros objetos de dulzura en el frasco.

Ya estás listo para añadir el edulcorante. Puedes pronunciar un conjuro mientras agregas el edulcorante para poner capas a la magia. Vierte el edulcorante en el frasco mientras visualizas tu objetivo y, a continuación, tapa el frasco.

Puedes poner cera alrededor del sello, si lo deseas. Para ello, derrite cuidadosamente la cera de abejas a fuego lento y sumerge la parte superior del frasco en la cera. Deja que se enfríe. Dibuja un corazón u otro símbolo apropiado en la cera.

Entierra el frasco.

Frasco para terminar con el amor

Necesitarás:

◎ un frasco de vidrio con tapa;
◎ un lugar para enterrar el frasco;
◎ papel;
◎ pluma o bolígrafo;
◎ un líquido amargo (por ejemplo, té demasiado fuerte o café quemado);
◎ vinagre;
◎ conjuro escrito con anterioridad;
◎ libro de sombras, grimorios o un cuaderno mágico para la documentación.

Si alguien está demasiado entusiasmado con perseguirte y tú no estás interesado, tienes derecho a protegerte del daño emocional y del peligro potencial. Si bien este hechizo interfiere con el libre albedrío de otra persona, lo considero una de las situaciones éticas discutidas en el capítulo 2. En este caso, tu seguridad física y emocional es lo más importante.

Para este hechizo, busca un frasco limpio y purificado con tapa. Luego, escribe tu nombre y el de la persona en una hoja de papel. Dibuja un círculo alrededor de los nombres y traza una línea que lo atraviese, separando tu nombre del de él. Sobre el papel, dibuja un pentagrama desterrante con la mano y coloca el papel en el frasco.

Prepara una mezcla amarga de té demasiado fuerte, café quemado u otro líquido amargo que tengas a mano. Agrega vinagre para que se agrie. Este tipo de hechizo es todo lo contrario a un frasco de miel.

Pronuncia un conjuro que diga que la persona ya no te persigue por el mayor de los motivos. Por último, entierra el frasco.

HECHIZOS DE PAPEL

Un hechizo de papel es cualquier hechizo en el que la totalidad o una parte importante del trabajo consiste en palabras o imágenes en una hoja de papel. Son fáciles de crear y rápidos de ejecutar. En consecuencia, se utilizan ampliamente. Son muy eficaces si se hacen correctamente.

Comienza, como de costumbre, asegurándote de que tu objetivo sea sólido, redactando tu lista de *actuar de acuerdo con* y estableciendo el cronograma para que el hechizo funcione.

A continuación, redacta un conjuro para tu objetivo, preferiblemente pero no de forma estricta en formato rimado. Asegúrate de que el conjuro esté en positivo y en presente, como si ya fuera cierto. Ahora dibuja y/o pega imágenes de tu objetivo como ya manifestado en el papel. Las imágenes pueden provenir de fotografías, Internet, revistas o cualquier otra fuente. El único aspecto importante es que muestren tu objetivo como si ya se hubiera manifestado. A continuación, añade símbolos y colores que, a través de la correspondencia, respalden tu objetivo.

Para lanzar el hechizo, visualiza con atención la meta como si ya se hubiera manifestado y utiliza uno de los siguientes métodos para enviar el objetivo al universo:

@ Entierra el papel en el suelo, donde la Madre Tierra trabajará contigo para manifestar tu objetivo. Esto es especialmente poderoso para las metas que tienen que ver con la prosperidad, la abundancia y la manifestación de la riqueza. También es muy eficaz para buscar conexión a tierra. Las bendiciones para el inicio de los proyectos también funcionan bien cuando están enterradas.

@ Quema el papel en el fuego de un brasero, un aro de fuego o una chimenea. Esto es muy poderoso en las expulsiones. También funciona bien en las manifestaciones, ya que el humo transporta la intención al universo. Este método también funciona excepcionalmente bien para objetivos relacionados con el fuego, por ejemplo, aumentar la ambición, el impulso, la pasión, el rendimiento y la energía física, entre otras cosas.

@ Coloca el papel en un lago, el océano, un arroyo o cualquier masa de agua. Este método del elemento agua es en especial eficaz si intentas atraer el amor hacia ti, si tratas de ser más amoroso o empático, o si tu hechizo es para la curación física o emocional. Los hechizos para la salud mental pertenecen a este apartado. Los objetivos relacionados con la mejora de las habilidades mágicas también pertenecen a este apartado. Asegúrate de emplear papel que se descomponga rápida y completamente.

@ Dirígete a un punto alto y deja que el viento se lleve el papel. Este método del elemento aire es el mejor para los objetivos relacionados con la capacidad intelectual, esfuerzos musicales, redacción de libros, habilidades y hábitos de estudio, éxito académico, etc. Una vez más, asegúrate de que el papel sea totalmente biodegradable y desaparezca con rapidez. No quieres tirar basura, ni deseas que nadie vea tu hechizo.

Cuando hayas lanzado tu hechizo de papel, da el primer paso en tu plan de *actuar de acuerdo con* para que la magia funcione.

En todos los casos, asegúrate de elegir papeles y tintas que no sean tóxicos y que sean biodegradables. ¡Por favor, no tires basura! Si tienes acceso a corteza de abedul en lugar de papel, es una excelente opción para los cuatro enfoques.

Además, recuerda que el enfoque acuático y, especialmente, el aéreo, pueden exponer tus objetivos a personas desconocidas. Esto es indeseable, ya que puede anular tu magia. Si usas uno de esos dos enfoques, tal vez desees escribir tus objetivos en un guion difícil de descifrar o establecer tu objetivo tan sólo en símbolos, sin texto.

Cómo hacer un hechizo de papel

Necesitarás:

- pluma o bolígrafo;
- papel o corteza de abedul;
- libro de sombras, grimorios o un cuaderno mágico para documentar.

Para uno de tus objetivos, redacta un hechizo rápido y sencillo en papel o corteza de abedul. Lanza tu hechizo de papel de una de las cuatro formas descritas, según el elemento al que esté más conectado.

Un hechizo de papel para vender con éxito en un evento

Necesitarás:

- papel;
- pluma o bolígrafo;
- mejorana;
- nuez moscada;
- comino;

- una moneda, preferiblemente la de mayor valor de la divisa utilizada dondequiera que se celebre el evento;
- conocimiento de cómo dibujar el símbolo del planeta Mercurio;
- conocimiento de cómo dibujar el símbolo del signo zodiacal Tauro;
- un sobre;
- un lugar para quemar o enterrar el sobre.

Este hechizo es un ejemplo de un hechizo de papel que aumenta la probabilidad de que vendas bien en un evento, y también asegura que no te roben ninguno de tus objetos. Es posible que desees tomarte un baño ritual antes de comenzar.

Selecciona el papel que vas a utilizar. Si dispones de pergamino, es posible que desees usarlo. Además, consigue un sobre. Puedes decántate por papel verde o decorar tu sobre con el color verde de alguna manera, ya que el verde es el color del elemento tierra y la prosperidad.

Consigue un poco de mejorana y nuez moscada, ya que son hierbas o especias para la prosperidad. Además, hazte con un poco de comino, que evita el robo.

En el papel, dibuja un billete de la moneda del país en el que vas a vender. Luego, coloca una moneda, preferiblemente la de mayor valor de ese país, debajo del papel. Frota un lápiz de grafito o de cera sobre la moneda para que quede una huella de la moneda impresa en el papel.

Si tienes dotes artísticas, dibuja tu mesa expendedora y muchos clientes a tu alrededor.

Escribe la palabra robo y, luego, anota debajo hurto en tiendas. Dibuja un círculo rojo con una línea que lo atraviese alrededor de estas palabras. El universo entiende este símbolo.

Traza el símbolo del planeta Mercurio en el papel, ya que Mercurio apoya las empresas comerciales. Dibuja también el símbolo de Tauro, que es el signo fijo de tierra del zodíaco. Tauro tiene mucho que ver con el mundo material.

Ahora, en un espacio en blanco del papel para que sea legible, escribe:

En [nombre del evento] vendo
Y muy bien me está saliendo.
Todos los artículos están pagados,
Billetes grandes en la caja guardados.
Por el mayor bien de todos,
Que así sea.

Introduce el papel en el sobre junto con una pizca de mejorana, nuez moscada y comino. Sella el sobre. Respira hondo, relaja tu cuerpo y deja que la ansiedad o la energía oscura se intensifique y se hunda profundamente en la tierra. Visualízate en tu mesa expendedora con tu caja registradora repleta de billetes grandes y muchos clientes en hilera que quieren comprar tus productos. Extrae la energía de la Madre Tierra a través de tus pies y piernas, hasta tu corazón y hacia afuera a través de tu mano proyectiva. Obtén energía del universo a través de la parte superior de tu cabeza, hasta tu corazón, y extiéndela a través de tu mano receptiva. Con tu mano proyectiva, dibuja un pentagrama invocador sobre el sobre. Míralo brillar en verde, luego visualízalo energizando el sobre y su contenido con energía verde de prosperidad. Deja que el exceso de energía vuelva a ti a través de tu mano receptiva y que se extienda a través de tus pies.

Ahora infunde el sobre con la energía de Mercurio. Primero, inhala profundamente en el diafragma y exhala, creando un espacio vacío. Recuerda asegurarte de que tu ego no esté ocupando ese espacio. Luego, visualiza el planeta Mercurio y atrae la energía de Mercurio hacia ti. Recuerda que te estás llenando de la energía del planeta.

Deja que la energía de Mercurio fluya desde el centro de tus manos y ojos hasta el sobre que contiene tu hechizo. Con el poder de Mercurio saliendo de tus manos, dibuja el símbolo de Mercurio sobre el sobre con tu mano proyectiva. Ahora visualiza la perspicacia empresarial y el éxito de Mercurio iluminando el sobre. De nuevo, visualízate en la mesa expendedora con muchas ventas exitosas.

Cruza los brazos delante de ti y, luego, ábrete como si estuvieras abriendo un abrigo. Esto te quita la energía de Mercurio. Si tienes la oportunidad de enterrar el sobre donde nadie lo encuentre, hazlo. De lo contrario, quema el sobre y, al hacerlo, visualiza la intención que se envía al universo.

OTRAS TÉCNICAS DE HECHIZOS COMUNES

Como he mencionado, existe un número casi infinito de técnicas mágicas para crear hechizos, como las aguas mágicas y las bolsas de hechizos. En este capítulo, he escogido sólo algunos que me han parecido más útiles y los que utilizo a menudo. Se pueden adaptar para que se ajusten a tus intenciones y necesidades.

Agua lunar

El agua lunar es agua cargada mágicamente por la luna. Se puede usar para añadir energía adicional a cualquier limpieza o a cualquier hechizo que incorpore agua.

Agua lunar para fortalecer los hechizos

Necesitarás:
- ◎ agua, preferiblemente de lluvia o de un arroyo o fuente de agua, aunque el agua del grifo también funciona;
- ◎ un tarro con tapa;
- ◎ una noche de luna llena;
- ◎ un lugar alejado de la luz solar donde puedas guardar el tarro.

Para hacer agua lunar, llena una jarra con agua. Es preferible el agua de lluvia o el de un arroyo u otra fuente natural de agua. Sin embargo, si vives en un clima árido y es difícil obtener esa agua, puedes usar agua del grifo. La luna la limpiará.

Conserva la jarra fuera durante la noche en luna llena. Cuando te despiertes por la mañana, tapa el frasco y llévalo dentro. Consérvalo en un lugar alejado de la luz solar. La energía solar es diferente de la energía lunar y quieres que esta agua tenga energía lunar pura.

Agua bendita mágica

Necesitarás:

- @ agua, preferiblemente lunar;
- @ un caldero o cáliz;
- @ sal;
- @ una botella para guardar el agua;
- @ un *athame* (opcional).

Vierte el agua en un caldero o en un cáliz grande. Si es posible, usa agua que hayas cargado bajo la luna llena. Si empleas un *athame*, sumérgelo en sal y coge un poco de la sal con la punta del *athame*. Pon este último y la sal en el agua. Si no empleas un *athame*, toma una pizca de sal con los dedos y agrégala al agua. Repite esto dos veces más para que tengas un total de tres puntas de cuchillo (o pizcas) de sal en el agua.

Embotella el agua y consérvala en un lugar alejado del sol. Usa esta agua como bendición o rocíala como parte de la limpieza de una casa. Pulveriza el agua sobre cualquier objeto que utilices en un hechizo.

Bolsa de hechizos

Necesitarás:

- una pieza de cuero o un material semejante; la gamuza es popular para bolsas de hechizos;
- hilo o cuerda para cerrar la bolsa;
- piedras preciosas u otros objetos pequeños que se correspondan con tu intención;
- hierbas que respalden tu intención;
- incienso que apoye tu intención;
- cerillas o un encendedor;
- pluma o bolígrafo;
- plato de pentáculo o un trozo de papel con un pentáculo dibujado en él;
- colador;
- fluido corporal, licor o perfume;
- libro de sombras, grimorios o un cuaderno mágico para documentar.

Para hacer una bolsa de hechizos, selecciona una pieza de cuero u otro material de un color que respalde tu objetivo utilizando las correspondencias del capítulo 5 u otro sistema de colores con el que trabajes. La gamuza se usa a menudo como material para una bolsa de hechizos, pero cualquier material funcionará. Cose el material en forma de bolsa o busca un trozo de cuerda que sea suficientemente largo como para atar el trozo de tela más adelante.

A continuación, selecciona los objetos que deseas incluir en tu bolsa de hechizos. Elige objetos pequeños para que la bolsa no resulte demasiado pesada. Investiga las hierbas e incluye las versiones secas. Puedes añadir otros talismanes y amuletos en la bolsa, por ejemplo, para atraer riqueza, puedes incluir monedas de la suerte (encontradas). También puedes escribir o dibujar lo que quieras manifestar en una hoja de papel e incluirla. Al igual que cuando se crea un hechizo con runas, la cantidad de objetos en la bolsa debe ser impar para obtener la mayor cantidad de poder. Deberá contener un mínimo de tres elementos. Siete objetos dan suerte, lo mismo que trece.

Como para cualquier hechizo, también puedes incluir cualquier cosa que esté asociada con la persona a la que va dirigido el hechizo. Esto no es estrictamente necesario, ya que la persona llevará la bolsa del hechizo.

A continuación, limpia la bolsa y los objetos. En el caso de los objetos que no se destruyan al mojarse, introdúcelos en agua corriente mientras visualizas la energía roja que sale de la Madre Tierra, a través de tus pies y llega al corazón como antes. Visualiza la energía blanca o violeta que desciende del universo a través de la parte superior de tu cabeza, mezclándose con la energía roja de tu corazón. Envía energía brillante con los colores el arcoíris a través de tus manos y del objeto y, luego, vuelve a tu corazón para completar el proceso. Retira el objeto del agua; luego, consérvalo y dale un propósito pronunciando un conjuro sobre él mientras visualizas continuamente la energía que fluye y tu objetivo se está logrando. Seca el objeto. Colócalo en un plato de pentáculo o en una hoja de papel con un pentagrama rodeado dibujado en él mientras limpias y consagras el resto de los objetos. Para limpiar los objetos que no deben mojarse, como las hierbas secas, puedes ponerlos en un colador y limpiarlos con humo de incienso.

A continuación, dale vida a la bolsa de hechizos. Puedes hacerlo visualizando el nacimiento de la bolsa o pidiéndole a la señora y al señor que le den vida a la bolsa. También puedes darle vida mientras visualizas la bolsa que apoya tu objetivo y ves cómo se cumple tu objetivo. Dar vida a la bolsa de hechizos de esta manera es similar a la forma en que se da vida a una forma-pensamiento, que se analizará en el capítulo 12.

Por último, ata o cose la bolsa para cerrarla y ponerla donde no se vea. Como ocurre con toda la magia, no querrás hablar de tu hechizo con alguien que no haya participado en su creación, ¡así que no provoques preguntas llevándolo de forma visible!

Nunca dejes que nadie toque tu bolsa de hechizos. Una vez que es tuya, es sólo tuya. «¿Cómo se convierte en mía si alguien más la hizo para mí?», puedes preguntar. Debes darle espíritu a la bolsa de hechizos, tu espíritu, añadiendo una pequeña cantidad de bebidas espirituosas (bebidas alcohólicas o perfumes que contengan alcohol) o fluidos corporales al exterior de la bolsa. Póntelo con un toque.

Como una forma-pensamiento, la bolsa de hechizos tiene vida y hay que cuidarla. Puedes aplicarle líquidos regularmente para «alimentarla». ¡El alcohol que contienen las hierbas mágicas apropiadas es una excelente opción!

Capítulo 10

POCIONES Y MAGIA
DE COCINA

No importa qué tipo de hechizo vayas a realizar, ya que en tu cocina existen elementos que pueden ser el centro del hechizo. Como mínimo, en tu cocina hay elementos que se pueden usar para hacer capas para la magia de los hechizos.

Para emplear hierbas al crear hechizos, puedes hacer rodar velas engrasadas sobre hierbas o doblar un hechizo escrito en un sobre y poner hierbas en él; también puedes quemar hierbas como incienso mientras ejecutas tu hechizo. Ciertas hierbas pueden convertirse en infusiones y beberse como parte del hechizo. Las hierbas curativas se pueden triturar y mezclar en una mezcla de cera de abejas derretida y aceite de oliva para obtener un ungüento.

En este capítulo, compartiré más formas de usar lo que encuentras en tu cocina.

Magia gastronómica

En el capítulo 5, compartí algunos alimentos y sus correspondencias. Éste es un buen capítulo para volver a consultar cuando planifiques tus hechizos. Además de comer alimentos cuya correspondencia coincida con el objetivo de tu hechizo, usa las hierbas. Puedes preparar infusiones y bendecirlas con tu objetivo y, a continuación, tomarlas, como harías con cualquier infusión. Puedes añadir hierbas a los platos culinarios que preparas. Con algunas de ellas se puede elaborar un delicioso licor si las sumerges en vodka y agregas azúcar.

Al igual que puedes incorporar hierbas y alimentos a varios tipos de hechizos para crear capas, también puedes crear hechizos centrados en lo comestible. Esta sección comparte algunos ejemplos de estos hechizos. Recuerda siempre que tus ingredientes deben ser seguros para ingerirlos en la forma en que los estás preparando.

Hechizos que usan infusiones

Una infusión es similar a un té. Se crea una infusión vertiendo agua hirviendo sobre las hojas o los tallos en una taza. Al hacerlo, pronuncia un conjuro que hayas escrito para este propósito, visualiza tu objetivo como si se hubiera manifestado y dibuja un pentagrama invocador sobre la copa para activar las propiedades mágicas de las hierbas en la infusión. Deja reposar la infusión hasta que sientas que la magia se ha establecido. Cuando esté lista, puedes tomártela mientras repites tu conjuro y visualizas tu objetivo, o puedes usarla como parte de otro tipo de hechizos. Si vas a ingerir la infusión, asegúrate de comprobar que las plantas sean seguras para el consumo.

Hechizos que usan decocciones

Una decocción es similar a una infusión, pero la sustancia se hierve en lugar de dejarla en remojo. Puedes preparar las hojas, los tallos, las bayas o la fruta de esta manera. La fruta y bayas secas funcionan muy bien cuando se preparan de esta forma. Usa una decocción del mismo modo que una infusión. Ten en cuenta que una decocción puede ser muy fuerte, por lo que tal vez desees diluirla si vas a beberla.

Hechizos con fruta y bayas maceradas

¡Me encanta este método! Deja que la fruta y las bayas se remojen en vino o licor fuerte, o simplemente pon las bayas o fruta en un tazón de azúcar. Lee tu conjuro sobre la fruta o las bayas al iniciar el proceso. Espera treinta minutos y observa cuánto líquido hay en el recipiente. Si no queda mucho líquido después de unos treinta minutos, añade vino o licor. (Si utilizas este método con fruta deshidratada, este proceso tendrá que reposar durante toda la noche). En cualquier caso, el resultado es una fruta muy suave y una salsa líquida. Sírvelo sobre helado de vainilla y cómelo mientras visualizas tu objetivo manifestado, o añade sólo unas cuantas bayas o trozos de fruta a una copa de vino. Luego, simplemente bébete el vino con la intención de manifestar tu objetivo.

Hechizos con vino caliente

Similar al método anterior, pero no idéntico, es el vino caliente. Elige las especias adecuadas para uno de tus objetivos y hiérvelas en una pequeña cantidad de vino durante aproximadamente una hora. Retira la sartén del fuego, agrega más vino y azúcar al gusto. Si necesitas calentar tu brebaje, hazlo con mucho cuidado. Siéntete libre de rociarlo con un licor de tu elección, uno que apoye la manifestación de tu objetivo. Bebe la mezcla lentamente mientras te concentras en que el objetivo se manifieste.

Hechizos con tinturas

Para elaborar una tintura, pon en una botella hierbas y especias comestibles que apoyen tu objetivo. Si utilizas hierbas frescas, asegúrate primero de limpiarlas a fondo. Enjuaga con un poco de agua caliente su interior y, a continuación, llena la botella con un licor de alta graduación. Debe tener al menos 80 grados; 100 grados es mejor (al menos 40 % de ABV, aunque es preferible un 50 % de ABV). Cuanto mayor sea el contenido de alcohol del licor que uses, más seguro estarás de que tu tintura no se estropee (por ejemplo, por moho).

¡Una tintura tiene un alto contenido en alcohol! Úsala como base para una bebida mezclada, agrégala a una bolsa de hechizos, pon unas gotas debajo de la lengua con un gotero o añade unas gotas a una salsa. Asegúrate de que el sabor de la tintura sea compatible con el método que decidas utilizar.

Algunos practicantes de magia hacen tinturas con vinagre de manzana. Yo lo evito, ya que creo que el licor es una opción más segura, porque las bacterias y el moho no se desarrollan en un alcohol con más de un 20 % de alcohol o 40 grados.

HECHIZOS CON FUEGO

Muchos de los métodos de hechizos que se describen en este libro implican quemar alguna cosa. Un fuego muy tradicional para hacer hechizos consta de alcohol isopropílico (isopropanol) y sal de Epsom (91 % de alcohol isopropílico es la mejor opción), ya que no es tan fácil trabajar con un 70 % de alcohol isopropílico para este propósito.

Ejercicio: pequeño fuego
en interiores

Necesitarás:

- @ alcohol isopropílico, de 91 % o más;
- @ sal de Epsom;
- @ un recipiente refractario (por ejemplo, un cazo de hierro fundido);
- @ una superficie resistente al calor (por ejemplo, un trébede);
- @ una cuchara u otro utensilio para medir los ingredientes;
- @ un fósforo largo (de chimenea).

Mezcla cantidades iguales de alcohol isopropílico y sal de Epsom en un recipiente refractario. Una opción común es un pequeño caldero de hierro fundido, pero cualquier recipiente resistente de fuego servirá. Asegúrate de que el recipiente esté sobre una superficie resistente al calor, como un trébede. El recipiente se calentará mucho y quemará la superficie en la que se encuentra si no está protegida.

Cuando mezcles el alcohol isopropílico y la sal de Epsom, comienza con pequeñas cantidades. Recomiendo empezar con una cucharada de cada cosa. Una vez que adquieras experiencia, podrás, por supuesto, hacer un fuego más grande y que dure más tiempo.

Enciende el fuego con una cerilla larga (como las pensadas para la chimenea). El fuego se encenderá tan pronto como pongas la cerilla junto al alcohol, pero a veces al principio es difícil ver las llamas. Con una cerilla corta, corres el riesgo de quemarte las manos.

Verás residuos de sal de Epsom en el recipiente cuando el fuego se haya extinguido. Puedes tirarlos a la basura o enterrarlos.

Capítulo 11

AMULETOS Y TALISMANES

Los significados de las palabras «amuleto» y «talismán» difieren entre los practicantes de magia. En algunas prácticas, los amuletos protegen contra el mal y el peligro, mientras que los talismanes manifiestan un beneficio específico. En otros casos, los amuletos se definen como creados por alguien con un propósito particular, mientras que los talismanes son objetos naturales que no están adulterados. Luego, otras personas definen los amuletos como elaborados sólo con objetos naturales, mientras que los talismanes son creados por una persona, a menudo en momentos astrológicamente significativos. Piensa qué enfoque tiene sentido para ti.

Yo creo que un amuleto es cualquier objeto con símbolos o propiedades contra el mal que luego se lleva puesto. Los talismanes manifiestan un beneficio específico. Éstos son algunos ejemplos comunes de talismanes:

Un *anj*: el símbolo del anj aporta larga vida y vitalidad a la persona que lo lleva.

Una **bolsa de hechizos**: como se describe en el capítulo 9, las bolsas de hechizos se pueden usar para muchos tipos de hechizos.

Una **forma-pensamiento** pequeña: la creación de una forma-pensamiento se analiza en el capítulo 12.

Cristales y piedras que se llevan: usa cristales en una jaula de alambre o como joyas, o llévalos en el bolsillo. Portar el cristal te brinda los beneficios específicos de ese cristal.

Un pequeño trozo de **arcilla cocida:** la arcilla debe tener una inscripción que funcione con tu objetivo.

EL ANJ

El anj puede ser tanto un amuleto como un talismán. La categoría a la que pertenece depende de la intención del usuario. Por ejemplo, algunos pueden usarlo tanto para la salud como para la vitalidad y para ahuyentar el mal, en cuyo caso el mismo objeto sirve tanto de talismán como de amuleto.

Cristales y piedras como amuletos o talismanes

Si deseas usar cristales como amuleto o talismán, estudia las propiedades mágicas del cristal y asegúrate de que no sea tóxico al tacto. He aquí una guía muy aproximada de las propiedades mágicas de las piedras preciosas:

- Las piedras **negras** suelen servir para conectar con la tierra. Algunos ejemplos son la turmalina negra, la hematita y la obsidiana. (Nota: la obsidiana no es técnicamente un cristal, ya que es un vidrio constituido por lava, pero que transporta energía mágica como si se tratara de un cristal).
- Las piedras **rojas** también sirven para conectar con la tierra y ayudan a manifestar lo que deseas. Además, apoyan la resistencia y la estabilidad en la vida, incluida la seguridad económica. Algunos ejemplos son el jaspe rojo, el granate y el rubí.
- Las piedras **anaranjadas** por lo general favorecen la alegría de vivir y aumentan la libido. Suelen ayudar a ordenar los sentimientos en lugar de reprimirlos. Las piedras anaranjadas también pueden ayudar con las relaciones familiares. Algunos

ejemplos son la cornalina y el ámbar. (De nuevo, el ámbar técnicamente no es un cristal. Es una resina, pero porta energía mágica como un cristal).

@ Las piedras **amarillas** y las de color amarillo parduzco suelen ayudar con la ambición, la fuerza de voluntad, el establecimiento de límites y la acción en general. Algunos ejemplos son el ojo de tigre y el citrino.

@ Las piedras **verdes** y las **rosadas** suelen ayudar con el amor propio, el amor en las relaciones, la armonía dentro de los grupos y la manifestación de amigos o la pertenencia a un grupo. Algunos ejemplos son la piedra de sangre, la cianita verde, la kunzita y el cuarzo rosa.

@ Las piedras **azules** suelen ayudar con la diplomacia, con hablar libre y claramente, con la elocuencia y a ser sinceros. Algunos ejemplos son la cianita azul, el lapislázuli y la sodalita.

@ Las piedras **morado** oscuro y **azul** muy oscuro suelen ayudar en las empresas intelectuales y en la clarividencia, la clariaudiencia, la canalización, el contacto con los espíritus, la percepción extrasensorial (sexto sentido) y la salud mental. Algunos ejemplos son la fluorita púrpura y la amatista, que también se pueden emplear para la sobriedad.

@ Las piedras de color **púrpura** claro, **transparente** y **blanco** generalmente ayudan a la espiritualidad, a la conexión con la deidad y a encontrar lo divino que hay dentro. Algunos ejemplos son el diamante, el diamante Herkimer (una forma de cuarzo transparente), el cuarzo transparente y la selenita.

Esta lista es, por supuesto, una categorización demasiado generalizada, pero es útil como guía.

Antes de emplear piedras para un uso mágico, debes limpiarlas y cárgalas. La limpieza se puede realizar con agua corriente, en el humo del incienso, enterrándola en sal (si no daña la piedra), poniéndola en remojo en agua salada (si no daña la piedra) o enterrándola en la suciedad. Mantener los cristales cerca del citrino y la cianita también los limpiará. El citrino y la cianita son las dos únicas piedras que no pueden absorber energía negativa y nunca necesitan ser limpiadas. La carga se puede realizar dejando que la piedra absorba la luz de la luna o dejándola reposar en el altar, si dispones de uno, durante al menos varios días.

Puedes usar piedras de varias maneras. Como amuletos o talismanes, llevarías la piedra en un soporte de alambre, es decir, envuelta con alambre o en otro engarce que te permita emplearlo como un colgante. Se pueden encontrar muchas piedras en collares o pulseras con cuentas. Si no quieres llevar cristales como joyas, puedes incluir piedras más pequeñas en una bolsa de hechizos o simplemente puedes guardártelas en el bolsillo. Si usas sujetador, puedes ponerte las piedras allí. Los cristales rugosos suelen resultar incómodos cuando se introducen en el sujetador.

Ejercicio: encuentra cristales y piedras de apoyo

Necesitarás:
- @ un documento que enumere las propiedades mágicas de los cristales; si no dispones de ninguno, utiliza la lista que se proporciona en este capítulo como guía;
- @ cristales físicos (opcional).

Para uno de tus objetivos, identifica tres cristales diferentes que lo apoyen. Luego, si es posible, adquiere las piedras, límpialas, consérvalas y úsalas.

Colgante de arcilla con inscripciones

Crear tus propios objetos mágicos es poderoso porque les imbuyes de las propiedades exactas que necesitas para tu propósito. Hacer un colgante de arcilla y escribir en él es fácil y relativamente rápido.

Ejercicio: colgante de arcilla con inscripciones

Necesitarás:

- @ el objetivo para el colgante;
- @ arcilla para hornear o arcilla sin hornear;
- @ una cuerda de cuero o una cuerda de otro material resistente para el colgante;
- @ una herramienta para escribir en la arcilla;
- @ libro de sombras, grimorios o un cuaderno mágico para documentar.

Estira la arcilla hasta que consigas un grosor de aproximadamente unos 3 mm de grosor. Recorta un círculo del tamaño de una moneda de 50 céntimos de euro. Será tu colgante. Practica un agujero cerca del borde del colgante lo bastante grande como para pasar una cuerda de cuero. (No introduzcas la cadena todavía). Con un objeto puntiagudo, como una aguja de tejer fina, escribe en la arcilla un conjuro que describa el propósito del amuleto o talismán mientras te concentras en tu intención. Dependiendo del tipo de arcilla que utilices, cuece el colgante en el horno o sécalo al aire. Una vez que la arcilla se haya endurecido y enfriado, pasa la cuerda de cuero y usa el colgante a modo de collar.

Capítulo 12

FORMAS-PENSAMIENTO

Una forma-pensamiento es una creación a la que has dado vida, un nombre y una tarea o propósito específicos. Las formas-pensamiento son útiles cuando necesitas un hechizo que funcione continuamente durante un período de tiempo prolongado, por ejemplo, para proteger tu hogar o para concederte la fuerza necesaria para seguir una dieta saludable.

Las formas-pensamiento pueden ser tan sólo energéticas o pueden residir en un objeto, a menudo una estatua. En términos generales, una forma-pensamiento se crea cuando visualizas su apariencia y te concentras en su propósito. Infundir tus emociones en una forma-pensamiento puede ayudar a sedimentar su propósito. Tus pensamientos, concentración y emociones hacen que una forma-pensamiento pase de existir sólo en tu conciencia a hacerlo como una entidad independiente capaz de actuar como agente. Cuanto más fuertes sean tus emociones, más fuerte y poderosa será la forma-pensamiento. ¡La emoción es una fuerza poderosa!

Para crear una forma-pensamiento, primero tienes que definir tu propósito. Piensa en por qué creas una forma-pensamiento. Sé preciso y define lo que quieres que logre. A continuación, anota el propósito de la forma-pensamiento en tu libro de las sombras o diario mágico. Es fácil de olvidar y es posible que eventualmente necesites desprogramar la forma-pensamiento si no has limitado su vida útil.

Una vez que hayas escrito el propósito de la forma-pensamiento, redacta un conjuro para cada uno de los elementos. Asegúrate de que cada conjuro describa el aspecto elemental del propósito de la forma-pensamiento.

Piensa en el nombre que le darás a tu forma-pensamiento. El nombre puede ser un acrónimo o una forma abreviada para tu propósito, o puede tener cualquier nombre que consideres adecuado. Investiga el significado y las connotaciones del nombre para asegurarte de que no entren en conflicto con el propósito de la forma-pensamiento. Por favor, no le asignes el nombre todavía. Le pondrás un nombre a tu forma-pensamiento durante su ritual de creación.

A continuación, decide si deseas que tu forma-pensamiento resida en un objeto o que sea puramente energética. Las formas-pensamiento que deben actuar en el entorno cercano funcionan bien cuando viven en cosas; las formas-pensamiento cuya magia tiene que actuar lejos funcionan mejor cuando son puramente energéticas. Las dos secciones siguientes explicarán cómo acabar de crear tu forma-pensamiento según el método que elijas.

CREAR UNA FORMA-PENSAMIENTO EN UN OBJETO

Si quieres que tu forma-pensamiento resida en un objeto, éstos son algunos pasos que debes seguir antes de crearlo:

© Toma un poco de tierra o harina de maíz para limpiar el objeto. Puedes usar sal, pero recuerda que limpiará el objeto por completo de todas y cada una de las energías, incluso de la buena energía. Si empleas sal y otra sustancia, debes utilizar primero la sal, ya que anulará cualquier cosa y todo lo que hayas hecho antes de su uso. Durante el ritual de creación de la forma-pensamiento, frotarás el objeto con tierra, harina de maíz o sal y lo bendecirás con el elemento tierra. En ese momento, también establecerás la duración de su vida y la harás estable en este reino.

@ Encuentra un aceite esencial que respalde tu propósito. Durante el ritual de creación de tu forma-pensamiento, lo usarás para ungir el objeto y bendecirlo con el elemento fuego. Le darás su misión y el impulso para cumplirla.

@ Busca una infusión que respalde tu propósito o prepara una poción con las hierbas correspondientes. Durante el ritual de creación de tu forma-pensamiento, la utilizarás para rociar el objeto y bendecirlo con el elemento agua. Esto le proporcionará empatía, compasión y ética.

@ Busca un incienso que apoye tu propósito. Lo usarás para ahumar el objeto y bendecirlo con el elemento aire. Esto dará a tu forma-pensamiento el intelecto necesario para llevar a cabo sus tareas de una manera razonable.

@ Encuentra tantos objetos que apoyen tu objetivo como sea posible. Presentarás estos objetos a la forma-pensamiento como tributo y para poner capas a la magia. Puedes colocar los objetos delante de la forma-pensamiento o pegarlos a ella. De esta manera, puedes añadir plumas, cristales, libros, colgantes, amuletos, talismanes, cordones o cualquier objeto que apoye tu objetivo.

Una vez que hayas reunido todos los elementos apropiados y visualizado completamente tu forma-pensamiento, estarás listo para realizar el ritual de creación.

Forma-pensamiento
basada en objetos

Necesitarás:

- ◎ un objeto para sostener la forma-pensamiento;
- ◎ conjuros elementales;
- ◎ una sustancia que simbolice la tierra (por ejemplo, arena);
- ◎ un aceite que apoye tu intención;
- ◎ una poción/infusión elaborada con hierbas que apoyen la intención de la forma-pensamiento;
- ◎ un incienso que sustente la intención;
- ◎ cerillas o un encendedor;
- ◎ homenajes que respalden tu intención, que se entregarán a la forma-pensamiento;
- ◎ pluma o bolígrafo;
- ◎ libro de sombras, grimorios o un cuaderno mágico para documentar.

Primero, limpia el objeto que has elegido para sujetar la forma-pensamiento con incienso, sal, agua o fuego.

Mientras visualizas la forma-pensamiento, concéntrate en tu propósito y en tus emociones en torno a ese propósito. Al mismo tiempo, frota sobre el objeto la sustancia que hayas elegido para representar la tierra. Recita un conjuro apropiado relacionado con la tierra para apoyar el propósito de la forma-pensamiento. En este conjuro debes proporcionar la energía de conexión con la tierra de la forma-pensamiento e incluir una fecha final para su existencia. Esto establecerá su vida útil.

Frota el aceite seleccionado sobre el objeto mientras recitas un conjuro relacionado con el fuego apropiado para tu forma-pensamiento. Este conjuro debe redactarse para conferirle poder y pasión para su propósito.

Frota la poción preparada sobre el objeto mientras recitas un conjuro adecuado relacionado con el agua. Este conjuro debe garantizar que la forma-pensamiento funcione de manera ética y sea compasivo.

Agita el objeto en el humo del incienso seleccionado mientras pronuncias un conjuro apropiado relacionado con el aire. Este encantamiento debe garantizar que la forma-pensamiento funcione de manera lógica y racional.

Por último, invoca al espíritu o a la deidad que hayas elegido, diciendo: «Invoco al espíritu para que confiera a esta forma-pensamiento la capacidad de actuar por el mayor bien de todos».

Sitúa a tu primer tributo a la forma-pensamiento delante de ella (o adjúntalo) mientras dices:

«Te presento este [tributo].

Al entregarte este [tributo], yo [tu intención]».

Repite el proceso para cada elemento que vayas a presentar o adjuntar a la forma-pensamiento.

Cuando termines de ofrecer tus tributos, canta el concepto clave del propósito de la forma-pensamiento. Hazlo una y otra vez. Sabrás cuándo detenerte, ya que sentirás el pico de poder. Una vez que el poder alcance su punto máximo, dale vida a la forma-pensamiento. Visualízala cobrando vida mientras dices: «Te llamo a la existencia y te doy el nombre [nombre] que te doy para que [motivo por el que hayas elegido ese nombre]». Canta el nombre muchas veces. No dejes de cantar el nombre hasta que sientas que la forma-pensamiento responde y sabe su nombre.

Libera la forma-pensamiento para completar su programación mientras dices: «Adelante, [nombre]. Tráenos [el propósito de la forma-pensamiento]. ¡Que así sea!».

CREAR UNA FORMA-PENSAMIENTO PURAMENTE ENERGÉTICA

Crear una forma-pensamiento puramente energética es similar a crear una forma-pensamiento en un objeto, por lo que sólo describiré el proceso de manera breve.

Si tu forma-pensamiento va a ser puramente energética, decide cuál es su forma. Hazte preguntas como las siguientes:

- ¿Qué aspecto tiene?
- ¿Es parecida a un humano?
- ¿Es semejante a un animal?
- ¿Es sólo una forma?
- ¿Va vestida?
- Si es así, ¿qué ropa lleva?
- ¿De qué color es?
- ¿Es un objeto mecánico?
- Por ejemplo, ¿se parece a R2D2?

Si eres un artista, dibuja o pinta la forma-pensamiento. Coloca la imagen en tu libro de las sombras o en tu diario mágico. En cualquier caso, asegúrate de tener una imagen clara de su aspecto.

Forma-pensamiento sólo energética

Necesitarás:
- un lugar donde trabajar sin interrupciones.

Una vez que hayas decidido cómo es tu forma-pensamiento, visualízate a ti mismo dando a luz a la forma-pensamiento o visualiza que se materializa frente a ti. De nuevo, concéntrate en su propósito y en las emociones que sientes hacia ella. Invoca a los elementos para que den existencia a la forma-pensamiento en este plano e insuflen espíritu en ella. Este paso es la creación de la forma- pensamiento. Di el nombre de la forma-pensamiento y sus instrucciones. Repite tres veces. Así es como se programa la forma-pensamiento. Lanza la forma-pensamiento para cumplir con su programación mientras afirmas las siguientes palabras: «Adelante, [nombre]. Tráenos [el propósito de la forma-pensamiento]. ¡Que así sea!».

CREAR FORMAS-PENSAMIENTO EN UN ENTORNO GRUPAL

Algunas personas deciden crear formas-pensamiento en grupo porque hay mucho poder en tener muchas mentes trabajando para establecer el mismo resultado. Sin embargo, podría haber mucho caos si esas mentes no están de acuerdo sobre el mecanismo que generará ese resultado. La coherencia es, en este caso, la diferencia entre la magia exitosa y la magia fallida.

Crear una forma-pensamiento en un entorno grupal supone algunos desafíos adicionales. Todos los miembros del grupo deben tener el mismo concepto del aspecto de la forma-pensamiento y estar de acuerdo en su propósito exacto. De lo contrario, acabaréis creando un revoltijo imposible de funcionar. Decidid en grupo qué aspecto tiene la manifestación astral de la forma-pensamiento. Debéis estar de acuerdo tanto en su propósito como en el mecanismo para que la forma-pensamiento manifieste ese propósito. Dado que las emociones también forman parte de la creación de la forma-pensamiento, debéis investigar a fondo cómo se siente cada individuo del grupo acerca de la forma-pensamiento en sí misma y su propósito. Aseguraos de tener una consistencia de emociones dentro del grupo antes de crear la forma-pensamiento.

EJEMPLOS DE FORMAS-PENSAMIENTO

Las formas-pensamiento son un concepto un tanto complejo y, por lo tanto, proporcionaré varios ejemplos de cómo crear diferentes formas-pensamiento.

La magia con velas como forma-pensamiento

La magia de las velas se presenta de muchas maneras. La paz en una vela es una forma-pensamiento que manifiesta paz en tiempos de turbulencia.

Paz en una vela

Necesitarás:

- ⊚ un candelabro;
- ⊚ una vela como tributo;
- ⊚ cerillas o un encendedor;
- ⊚ tierra seca;
- ⊚ aceite correspondiente;
- ⊚ poción/té correspondiente;
- ⊚ incienso correspondiente;
- ⊚ la Rede Wicca (se puede encontrar en Internet);
- ⊚ un trozo de amatista;
- ⊚ un trozo de hematites.

El objeto que albergará la forma- pensamiento es el candelabro.

Frota tierra seca sobre el candelabro mientras pronuncias las siguientes palabras: «Invoco al elemento tierra para que infunda estabilidad y resistencia a esta forma-pensamiento para mantener la paz en este momento de agitación».

Frota el aceite deseado en el candelabro mientras dices: «Invoco al elemento fuego para que infunda a esta forma-pensamiento el coraje y la audacia necesarios para mantener la paz en este momento de agitación».

Frota la poción preparada en el candelabro mientras afirmas lo siguiente: «Invoco al elemento agua para que infunda a esta forma-pensamiento la emoción y la compasión necesarias para mantener la paz en este momento de agitación».

Agita el candelabro en el humo del incienso seleccionado mientras dices: «Invoco al elemento aire para que infunda a esta forma-pensamiento la inteligencia y la comprensión necesarias para mantener la paz en este momento de agitación».

Para garantizar el mayor bien de todos, termina diciendo las siguientes palabras: «Invoco al espíritu para que le dé a esta forma-pensamiento la capacidad de actuar dentro de los límites de las palabras de la Rede Wicca».

Recita el Rede y termina con: «Por el mayor bien de todos, que así sea».

Ahora es el momento de programar la forma-pensamiento.

Coloca la vela en el soporte y di: «Te doy esta vela. Al encender esta vela con mi llama, te ato a mí y me ato a ti».

Coloca un pequeño trozo de amatista frente al candelabro y pronuncia lo siguiente: «Te presento el poder calmante de la amatista para que puedas calmar las emociones que surgen a tu alrededor». Coloca un pequeño trozo de hematita frente al candelabro y di: «Te presento esta hematita para la paz, el control y la felicidad interior».

Canta una y otra vez el concepto clave del propósito de la forma-pensamiento («Paz, paz, paz»). Sabrás cuándo detenerte, ya que sentirás el pico de potencia.

Una vez que el poder alcance su punto máximo, dale vida a la forma-pensamiento. Visualízalo cobrando vida mientras dices: «Te llamo a la existencia y te pongo el nombre de Fred, que significa "paz" en los idiomas escandinavos». El nombre se pronuncia como Freyd, pero como si quitaras la y justo antes de pronunciar la d. Pronunciarlo a la manera escandinava asegura que el nombre en sí mismo ponga capas a la magia con su significado. Canta el nombre muchas veces, hasta que sientas que la forma-pensamiento responde y sabe que es Fred.

Libera la forma-pensamiento para completar su programación mientras afirmas: «Adelante, Fred. Tráenos paz. Tráenos paz. ¡Que así sea!».

Enciende la vela. No tienes que dejar que se consuma por completo; la vela es un tributo, y también os conecta a los dos. Puedes encenderla siempre que desees recordar el propósito de Fred. Cuando la vela esté casi completamente consumida, enciende otra vela, además de la original, antes de apagar la original. Coloca la vela nueva en el soporte y continúa haciéndolo con cada vela a medida que se acerque al final. De esta forma, tendrás una cadena ininterrumpida.

Perenpac: una forma-pensamiento para Protegerse de los pERros que ENtran en el PAtio de Casa

Supón que en el patio de tu casa han entrado perros callejeros. No sabes si están vacunados. Están causando un problema sanitario y quieres que permanezcan fuera. Por lo tanto, creas una forma-pensamiento para mantener a raya a los perros callejeros. Este ejercicio te explicará cómo creé esta forma-pensamiento.

Necesitarás:
- © un lugar donde trabajar sin interrupciones;
- © un cuenco con tierra;
- © un recipiente con unas gotas del aceite correspondiente mezclado con un aceite base;
- © incienso correspondiente;
- © cerillas o un encendedor;
- © poción correspondiente.

Esta forma-pensamiento, que sólo tiene energía, es un perro macho de tres cabezas llamado Perenpac. Su nombre es una forma abreviada de su propósito; su propósito es dar (P)rotección contra los p(ER)ros que (EN)tran en el (PA)tio de (C)asa.

Perenpac es enorme y es negro con una sola mancha blanca en el costado izquierdo. Además de su aspecto temible, tiene un olor fuerte que sólo los perros pueden oler. Para otros perros, el olor actúa como un elemento disuasorio para que no entren en el patio.

Visualiza a Perenpac tomando forma frente a ti. Luego, levanta el cuenco de tierra y di: «Invoco al elemento tierra para que le dé a esta forma-pensamiento la estabilidad y la resistencia necesarias para mantener a los perros callejeros fuera del patio».

Sujeta un pequeño recipiente con unas gotas del aceite esencial adecuado mezclado en un aceite base. Di: «Invoco al elemento

214

fuego para que infunda a esta forma-pensamiento el coraje y la audacia necesarios para mantener a los perros callejeros fuera del patio».

Vierte un poco de la poción preparada en el suelo o en un cuenco ante la forma-pensamiento visualizada. Declara: «Invoco al elemento agua para que infunda a esta forma-pensamiento la emoción y la compasión necesarias para mantener a los perros callejeros fuera del patio».

Desplaza el humo del incienso seleccionado frente a la forma-pensamiento visualizada mientras afirmas: «Invoco al elemento aire para que conceda a esta forma-pensamiento la inteligencia y la comprensión necesarias para mantener a los perros callejeros fuera del patio».

Por último, pronuncia las siguientes palabras: «Invoco al espíritu para que dé a esta forma-pensamiento la capacidad de actuar por el mayor bien de todos».

Ahora insufla espíritu de vida a tu forma-pensamiento. Visualízala cobrando vida; obsérvala respirar y moverse. Di: «Te llamo Perenpac. Eres Perenpac, ese es tu nombre. Tu nombre es Perenpac».

Luego repítelo tres veces, cantando con intensidad creciente: «Perenpac, de tres cabezas, temible y querido por nosotros, perro, el patio te pertenece a ti y sólo a ti. Los otros perros no son bienvenidos. Mantenlos alejados». En la tercera y última repetición, grita las palabras.

Entonces deja que Perenpac salga al patio. Concéntrate con fuerza en verlo en el patio, alejando a otros perros.

CREAR UNA FORMA-PENSAMIENTO DE COYOTES PARA LA PROTECCIÓN

La necesidad de seguridad es universal. Este ejemplo es una forma-pensamiento con forma de coyote, utilizada como protección personal.

Necesitarás:

- @ arcilla para hornear o de secado al aire para el elemento tierra;
- @ aceite esencial de sangre de dragón para el elemento fuego;
- @ una poción protectora para el agua (por ejemplo, una infusión elaborada con laurel, semillas de alcaravea, clavo y ajo);
- @ un incienso protector para el aire (por ejemplo, incienso enriquecido con mirra);
- @ cerillas o un encendedor;
- @ un pentagrama;
- @ un cristal ojo de tigre;
- @ una figa de madera;
- @ una pulsera de plata;
- @ una bellota;
- @ ópalo negro.

Empieza por darle forma a uno de los trozos de arcilla a modo de coyote lo mejor que puedas. La arcilla representa la tierra. Coloca tus manos sobre ella y bendícela diciendo: «Invoco el poder del coyote; él, que se esconde en la tierra, él, que tiene visión en la oscuridad, él, que aúlla en la noche. Con el elemento tierra, te creo para defenderme y protegerme de las energías malignas y malévolas».

A continuación, unge la estatua de arcilla con el aceite de sangre del dragón y afirma: «Invoco el poder del coyote, feroz depredador, hábil cazador, portador del fuego. Con el elemento fuego, te creo para defenderme y protegerme de las energías malévolas».

Luego, unge la estatua con una poción preparada adecuadamente y di: «Invoco el poder del coyote, amigo del tejón, amigo del águila, compañero del lobo. Con el elemento agua, te creo para defenderme y protegerme de las energías malévolas».

Mece la estatua a través del humo de un incienso debidamente mezclado y pronuncia lo siguiente: «Invoco el poder del coyote; él, que es inventivo, él, que es travieso, él, que aprende fácilmente de los demás. Con el elemento aire, te creo para defenderme y protegerme de las energías malévolas».

Programa la forma-pensamiento como se indica a continuación:

◎ «Te presento este pentagrama.
◎ Cuando llevas este símbolo sagrado, te conecta conmigo y a mí contigo, tal como lo he usado para conectarme con la Señora y el Señor».
◎ «Te doy el poder del ojo de tigre para que tengas fuerza».
◎ «Te doy el poder de la figa de madera para que te dé fuerza y protección, para que tengas poder y poder para compartir».
◎ «Te doy el poder de la pulsera de plata para que estés seguro de ti mismo y me infundas lo mismo».
◎ «Te doy el poder de la bellota para que seas fuerte y robusto como un roble y puedas compartir tu fuerza sin cansarte».
◎ «Te doy el poder del ópalo negro para que puedas transformar tus miedos en energía y optimismo y difundir la fuerza en todo momento».

Canta repetidamente el concepto clave del propósito de la forma-pensamiento («fuerza, energía, determinación»). Sabrás cuándo parar, ya que sentirás que la potencia alcanza su punto máximo.

Dale vida a la forma-pensamiento y visualízala cobrando vida. Pronuncia las siguientes palabras: «Te imparto el espíritu, te hago existir y te pongo por nombre [nombre]». Canta el nombre muchas veces hasta que sientas que la forma-pensamiento sabe su nombre y responde.

Libera la forma-pensamiento para completar su programación diciendo: «[Nombre], ¡adelante! ¡Trae fuerza, energía y determinación! ¡Que así sea!».

Una forma-pensamiento como amuleto o talismán

Una forma-pensamiento puede residir tanto en un objeto físico pequeño como en uno grande. Puedes establecer una forma-pensamiento en un objeto suficientemente pequeño como para usarlo como talismán o amuleto. Como se ha mencionado en el capítulo 11, los amuletos protegen contra el mal y el peligro, mientras que los talismanes manifiestan un beneficio específico.

DESPROGRAMAR UNA FORMA-PENSAMIENTO

Cuando creas una forma-pensamiento, es esencial que documentes para qué la programaste y cómo realizaste esa programación.

Quizás la finalidad de tu programación sea algo que, en algún momento, se vuelva en contra de lo que necesitas en ese momento y precises desprogramarla. Para desprogramar una forma-pensamiento, necesitas invertir lo que hiciste para programarla y, si no lo tienes anotado, lo más probable es que tengas problemas con la desprogramación y, por lo tanto, pueden quedar restos de la programación. ¡Esos restos pueden causar grandes dolores de cabeza!

Para invertir la programación de una forma-pensamiento que está alojada en un objeto, primero llama a la forma-pensamiento para que vuelva al objeto en caso de que esté vagando cerca. Una forma-pensamiento dentro de un objeto nunca puede estar muy lejos, así que todo lo que tienes que hacer es llamarla diciendo algo como: «[Nombre de la forma-pensamiento], te llamo de nuevo a tu morada, a tu hogar, a este [objeto en el que reside] donde vives». A continuación, dale las gracias a la forma-pensamiento por el trabajo que ha realizado, por ejemplo, «[Nombre de la forma-pensamiento], tu trabajo está completo y te doy las gracias por todo lo que has hecho. Te enviaré ahora para que vuelvas a ser uno con sus hermanos y hermanas, sin ninguna tarea ni obligación». Continúa mientras retires cada objeto que hayas dado a la forma-pensamiento. (Si le diste un objeto para unirlos a los dos, déjalo para el final). Por cada objeto que elimines, expresa tu agradecimiento: «Gracias por el buen uso que has hecho del [objeto] durante tu tiempo de servicio». Al retirar este [objeto], te liberarás de la carga de llevar el poder del [poder que el objeto imbuyó en la forma-pensamiento]. Ahora se te ha quitado ese poder».

Una vez que hayas eliminado todos los objetos que os unía, retírale el nombre que le diste a la forma-pensamiento diciendo: «Has cumplido con tu deber con honor y te has liberado de ser [nombre]. No hay [nombre]». Luego, inhala y recupera la vida que le diste a la forma-pensamiento pronunciando las siguientes palabras: «Te doy las gracias de nuevo y te hago dejar de existir. Esto de aquí es sólo un [objeto]».

Si la forma-pensamiento es puramente energética, la desprogramación sigue los mismos pasos, excepto que primero visualizas la forma-pensamiento como si estuvieras en la habitación, y la llamas a tu hogar. A continuación, dale las gracias a la forma-pensamiento por el trabajo que ha realizado, por ejemplo, «[Nombre de la forma-pensamiento], tu trabajo está completo y te doy las gracias por todo lo que has hecho. Os enviaré ahora para que volváis a ser uno con vuestros hermanos y hermanas, sin ninguna tarea ni obligación». Termina diciendo: «La forma-pensamiento que se llamaba [nombre] ya no existe».

Capítulo 13

MAGIA CON OBJETOS NATURALES

Muchos objetos que se encuentran en la naturaleza se prestan, obviamente, a la magia. Los palos, las piedras, las pieles y los huesos tienen propiedades mágicas intrínsecas del árbol, mineral o animal del que proceden. Lo mismo ocurre con las conchas. Hay tiendas donde puedes comprar huesos y pieles de origen ético y también existen opciones en Internet. Asegúrate de saber cómo se obtuvieron estos tipos de objetos. Es posible que un animal que haya sido sacrificado por sus huesos o su pelaje no esté dispuesto a trabajar contigo.

Hechizos con huesos y pieles

Los hechizos que usan huesos y pieles se basan en la ley del contagio para que puedas trabajar con el espíritu del animal del que provienen. Estos hechizos no son lo mismo que el trabajo chamánico, que consiste en trabajar con un animal poderoso o con animales espirituales. Los hechizos con huesos y pieles son más parecidos a trabajar con tus antepasados, pero, en cambio, trabajas con el espíritu de un animal específico. A veces, la conexión incluso te permitirá dibujar sobre toda la especie y el arquetipo que representa.

Puedes usar huesos o pieles para poner capas a la mayoría de los tipos de hechizos. Por ejemplo, puedes añadir un trozo de hueso o una parte de la piel a un hechizo de papel, un hechizo de tarro, un hechizo de cuerda, etc.

También puedes realizar hechizos que sólo funcionen con el espíritu del animal cuyos huesos o pelaje estés usando. Si, por ejemplo, quieres que el animal proteja un objeto valioso tuyo, coloca los huesos o la piel sobre el objeto y pídele cortésmente al animal que proteja el objeto por ti. Recita un conjuro que indique que el animal está protegiendo el objeto. Los cráneos de los animales son bastante poderosos para este tipo de magia.

Si deseas adquirir las propiedades del animal cuya piel tienes, lleva la piel con el pelaje hacia afuera. Luego, pídele con amabilidad al animal que esté contigo y que comparta sus propiedades contigo.

Siempre dale las gracias al animal cuando utilices huesos o pieles en un trabajo de hechizos.

Es prudente tener cuidado a la hora de averiguar qué representa un animal. Algunas características son más o menos universales (por ejemplo, la sabiduría del búho), y éstas son aquellas en las que la magia tiene más éxito. Los conocimientos compartidos por muchos son más accesibles a los trabajos mágicos que los que sólo conocen unos pocos. Algunas características comunes de los animales, además del búho, son:

Oso: comodidad; cuidado de los niños; introspección, ya que hibernan; buena suerte en la pesca, puesto que son pescadores expertos; fuerza.

Vaca: prosperidad, ya que produce leche, carne y más vacas.

Armiño o comadreja: velocidad, capacidad para ocultarse; misterio; sigilo; el armiño también se asocia con el poder mundano, ya que ha sido muy utilizado por la realeza.

Zorro: ser astuto.

Caballo: lealtad; inteligencia.

León: coraje; fuerza.

Alce (en algunos lugares uapití o grandes especies de ciervos): rey del bosque, ya que es el animal más grande que hay.

Conejo: fertilidad, porque los conejos siguen produciendo muchos más conejos; los conejos también se asocian con los saltos hacia delante.

Ardilla: preparación para el futuro, puesto que almacenan frutos secos para el invierno.

HECHIZOS CON CONCHAS

Todas las conchas son protectoras, ya que protegen al molusco en su interior. Las conchas se pueden utilizar como punto focal en un hechizo de protección o para mejorar uno ya existente.

Hechizos con caparazones de caracol

El caparazón de un caracol es su hogar y protección. De ello se deduce que los caparazones de caracoles son protectores y que también se pueden utilizar para encontrar nuevas viviendas.

Los caparazones de caracol molidos se pueden añadir a bolsas de hechizos, hechizos de papel o cualquier tipo de hechizo que contenga polvo. Se pueden añadir caparazones enteros a las bolsas de hechizos, siempre y cuando sean pequeños. Y también a las escaleras de bruja. Se pueden ensartar enteros en un collar si perforas cuidadosamente los agujeros para la cuerda. Al ensartar el collar, hazlo con la intención de protegerte o encontrar un nuevo hogar.

Hechizos con caparazones de cauri

Los cauri son caracoles marinos y, por lo general, son muy brillantes y hermosos. Sus caparazones se han utilizado históricamente como moneda y como joya.[1] Por lo tanto, son un símbolo de prosperidad. También traen buena suerte.

Debido a que la parte inferior de un caparazón de cauri se parece un poco a una vulva, también se asocian con la sexualidad y la fertilidad femeninas. Los caparazones de cauri deben usarse enteros, ya que su belleza y forma constituyen parte de su magia. Se pueden usar de todas las maneras en que se puede emplear un caparazón, excepto en el suelo.

Hechizos con conchas de vieira

Las conchas de vieira son, entre otras cosas, sagradas para Afrodita. Por lo tanto, si quieres sentirte más sexy o más erótica, anota tu intención en una hoja de papel y colócala en una concha de vieira mientras te visualizas como deseas sentirte.

Las conchas de vieira también son catalizadores. Mejoran significativamente otras magias de conchas. Coloca un hechizo que incorpore caparazones de caracol o cauri en una concha de vieira para poner capas y fortalecer la magia.

Hechizos con valvas de mejillón cebra

Tengo sentimientos muy encontrados sobre el uso de valvas de mejillón cebra en la magia, pero lo hago. Me llevó un tiempo entender que, por mucho que las deteste, son criaturas poderosas. Los mejillones cebra son invasivos y sólo se necesita un bote contaminado para infestar un lago entero. Estos mejillones también se pueden propagar a través de las aves acuáticas, por lo que es casi imposible detener su desenfreno. Si tu intención es ser indomable, imparable e inconquistable, la valva de mejillón cebra es para ti.

Si estás cerca de aguas infestadas, los mejillones cebra son bastante fáciles de encontrar en la parte inferior de los barcos en los diques secos o en cualquier cosa que haya estado en el agua durante más

---

1. Hogendorn, J.; Johnson, M. *The Shell Money of the Slave Trade.*

que unos días. Es posible que desees usar guantes, ya que las valvas son bastante afiladas. Ten cuidado.

HECHIZOS DE SEMILLAS

Los hechizos de semillas son los que debes usar si tienes mano para las plantas. Si no es así, quizás quieras saltarte este tipo de magia en particular. El concepto es simple: una semilla crece hasta convertirse en una plántula y, luego, en una planta adulta. Cuando ese poder de crecimiento se asocia a un hechizo para algo que quieres manifestar, transferirá el poder del crecimiento a tu objetivo.

Hacer un hechizo de semilla

Necesitarás:
- ◎ pluma o bolígrafo;
- ◎ papel;
- ◎ libro de sombras, grimorios o un cuaderno mágico para documentar;
- ◎ una maceta;
- ◎ tierra para macetas;
- ◎ semilla de una planta que ya sepas cómo cultivar.

Escribe un conjuro para tu objetivo en una hoja de papel. Dibuja cualquier símbolo que apoye tu finalidad. Luego, dobla el papel y ponlo en el fondo de una maceta. Llena la maceta con tierra y planta una semilla que conozcas. Al plantar la semilla, visualiza tu objetivo manifestándose. ¡Por favor, cuida tu planta con esmero!

Cuarta parte

HECHIZOS PARA
CADA NECESIDAD

Capítulo 14

HECHIZOS RÁPIDOS

A veces no necesitas un hechizo largo y elaborado, sólo precisas hacer algo rápidamente para aumentar las posibilidades de éxito de una cosa que estás a punto de hacer. Como ocurre con la magia en general, la clave de los hechizos rápidos es visualizar la situación de la forma en que quieres que suceda.

Hechizo para tener éxito en algo que estás a punto de hacer

Necesitarás:

© un espacio libre de obstáculos para moverte con libertad y avanzar en tu cronograma.

Sitúate en tu cronograma en el momento en el que tenga lugar el evento en el que quieres influir. Ubícate en tu cuerpo en ese momento futuro. Reproduce en tu mente las interacciones con las demás personas que vayan a estar presentes. A continuación, retrocede hasta tu ahora, junta las manos y agítalas con rapidez de un lado a otro para elevar la energía. Visualiza el éxito y envía la energía que acabas de acumular al momento adecuado. Di en voz alta o para ti mismo: «¡Por el mayor bien de todos, que así sea!».

Hechizo matutino para un buen día

Necesitarás:

© un alimento o una bebida que consumes por la mañana.

Cuando prepares tu café, té, zumo de naranja u otra bebida matutina, sonríe y no dejes de sonreír. Pronuncia las siguientes palabras: «Hoy es un buen día, que así sea» o un conjuro similar. Luego, con el dedo índice, traza un pentagrama invocador sobre la taza o el vaso. Si no consumes una bebida por la mañana, hazlo sobre tu plato de desayuno.

Hechizo para la limpieza y protección en cualquier momento

Necesitarás:

@ sólo a ti mismo.

Supongamos que no tienes tiempo para hacer una limpieza completa de la casa y emplear magia de protección. En ese caso, puedes protegerte temporalmente al decir primero en voz alta: «Los monstruos y los malos espíritus huyen. No sois bienvenidos aquí. ¡Os digo que os vayáis! ¡Ahora, desapareced!», o un conjuro similar. Dibuja un pentagrama desterrante mientras pronuncias esas palabras. Tan pronto como hayas completado tu conjuro, visualiza un escudo alrededor del área en la que te encuentras, tal y como se describe en el capítulo 17.

Protección contra cualquier cosa que se te acerque

Necesitarás:

@ sólo a ti mismo.

Éste es uno de los primeros hechizos que aprendí de un profesor y lo uso con frecuencia. Cada vez que veas algo que se acerca a ti y que no desees que se acerque más, dibuja un pentagrama desterrante en el aire con la mano o el dedo. Extrae energía de la tierra para cargarla mientras la visualizas brillando de un azul eléctrico. Luego, agarra la visualización con la mano y lánzala hacia lo que se te acerca.

Este hechizo es rápido y efectivo, pero requiere experiencia para que el pentagrama se cargue de manera correcta. Si no funciona la primera vez, sigue practicando, y concéntrate en especial en cómo cargas el pentagrama con la energía de la tierra.

Este hechizo no hace daño a lo que sea que vaya hacia ti, sólo lo destierra del camino que lleva a ti. He usado este hechizo contra avispas, animales aterradores y personas. Recuerda que siempre es ético protegerse.

Capítulo 15

HECHIZOS DE SANACIÓN

Muchos de los hechizos ya mencionados funcionan bien para la sanación. Este capítulo compartirá algunos detalles adicionales específicos para la recuperación y la sanación.

USO DE CRISTALES Y PIEDRAS PARA SANAR

Los cristales y piedras tienen muchos usos en magia. Uno de las más comunes es para la sanación. En esta sección, describiré un método estándar, el mismo que utilizo para curar con cristales.

Limpieza de cristales y piedras

Cuando llevas una piedra nueva a casa, necesitas eliminar cualquier energía negativa que pueda haber adquirido antes de encontrarla. También debes limpiar los cristales después de usarlos para liberar cualquier energía que puedan haber acumulado durante tu trabajo.

Existen muchas maneras de limpiar un cristal o una piedra. (Las más comunes se mencionan en el apartado sobre el uso de cristales y piedras como amuletos). Yo mantengo mis piedras de trabajo dentro de un círculo de citrino y cianita para que estén siempre listas. Una vez que las piedras estén limpias, estarán preparadas para trabajar contigo.

Sanación con cristales y piedras

La sanación con cristales se basa en el sistema de *chakras*. Ya aprendimos los conceptos básicos de los *chakras* en el capítulo 5, por lo que este apartado se centrará en los problemas con los que está asociado cada *chakra*. El sistema de *chakras* determina qué piedras resuelven un determinado problema. Cristales y piedras específicos equilibran y sanan cada *chakra*, aunque algunos cristales curan varios *chakras*. He aquí un resumen de esos aspectos de los *chakras*:

Problemas con el *chakra* raíz: enfermedades de los pies y las piernas, estreñimiento, trastornos alimentarios, hemorroides, miedo y ansiedad, malos hábitos alimentarios, falta de ejercicio, falta de estabilidad en la vida, distanciamiento, acaparamiento, incapacidad para manifestar objetivos.

Piedras del *chakra* raíz: cura el *chakra* raíz con piedras rojas y negras, como jaspe rojo, granate, rubí, turmalina negra, obsidiana, piedra de sangre, ágata de fuego, calcita roja, aventurina roja, ónix y ojo de tigre rojo.

Problemas con el *chakra* sacro: problemas del sistema reproductivo, falta de libido, libido hiperactiva, excesivamente emocional, insensibilidad, negación del placer, adicción a la diversión y al disfrute, falta de creatividad, ser demasiado innovador para la realidad, falta de alegría en la vida.

Piedras del *chakra* sacro: cura con piedras anaranjadas, como cornalina, ópalo de fuego, ámbar, aventurina roja y calcita naranja.

Problemas con el *chakra* del plexo solar: problemas con el sistema digestivo o la vesícula biliar, ser dominante, ser demasiado sumiso, falta de límites, falta de fuerza de voluntad, adicción, falta de impulso, ser demasiado ambicioso, ser excesivamente competitivo, agresividad.

Piedras del *chakra* del plexo solar: sánalo con piedras amarillas, como el ojo de tigre amarillo, el citrino, la pirita, el topacio amarillo y el jaspe amarillo.

Problemas con el *chakra* del corazón: problemas cardíacos y pulmonares, depresión, incapacidad para entablar amistades o relaciones amorosas, miedo a desarrollar relaciones amorosas, darse en exceso, descuidarse uno mismo, depender de la felicidad de otra persona para la suya propia (codependencia).

Piedras del *chakra* del corazón: cúralo con piedras verdes o rosadas, como el cuarzo rosa, la aventurina, el ágata musgosa, la esmeralda, la unakita, el peridoto, el jade, la malaquita y la prehnita.

Problemas del *chakra* de la garganta: problemas en la garganta, el cuello o los hombros, incapacidad para expresar bien los pensamientos, falta de sentido común, timidez, incapacidad para expresar deseos u opiniones, hablar en exceso sin transmitir nada, hablar demasiado alto.

Piedras del *chakra* de la garganta: cúralo con piedras azules, como la sodalita, el lapislázuli, la turquesa, la aguamarina, la amazonita y el ágata azul de encaje.

Problemas con el *chakra* del tercer ojo: dolores de cabeza, problemas de visión, falta de realismo, vivir en un país de fantasía, alucinaciones, pesadillas, imaginación hiperactiva, hiperanalítico, intuición bloqueada, necesidad de que todo se explique explícitamente, no poder leer entre líneas, dificultad para comprender en general, disminución de la agudeza mental, ser despistado.

Piedras del *chakra* del tercer ojo: sanar con piedras púrpura o índigo, como amatista, labradorita, tanzanita, iolita, piedra luna y lepidolita.

Problemas con el *chakra* de la corona: sentirse superior a los demás; sentirse más conectado con lo divino que cualquier otra persona; sentirse más santo que nadie; muy soñador y sin los pies en la tierra; demasiado distraído y mirando fijamente al espacio durante un tiempo; dificultad para conectarse con la deidad; falta de espiritualidad.

Piedras del *chakra* de la corona: sanar con piedras violetas o blancas como el cuarzo claro Herkimer diamante, diamante, selenita, calcita blanca y la chispa de Islandia.

Si sufres alguno de los problemas mencionados, puede que haya llegado el momento de echar mano de los cristales. Determina qué color de piedra necesitas y reúne tantas piedras como puedas. Colócalas en círculo sobre el *chakra* asociado. Visualiza el problema como si fuera energía oscura que es absorbida lentamente por los cristales hasta que no quede nada en tu cuerpo. Visualiza el color de las piedras que brillan e iluminan el *chakra* con el que estás trabajando.

Acuérdate de limpiar las piedras al terminar, a menos que sean citrinos o cianitas. El citrino y la cianita no absorben la energía negativa, sino que destruyen la energía negativa que aspiran hacia ellos.

Trabajar con cristales es una poderosa magia sanadora y, como puedes ver, es muy versátil.

Usa cristales y piedras para apoyar tu hechizo de forma continua

Si has empleado cristales en un hechizo, mantén el mismo tipo de cristal sobre ti o cerca de ti. Llevar el cristal como joya es perfecto.

ENVIAR O SUSURRAR SANACIÓN

Es posible que lo hayas visto en las redes sociales: alguien pide sanación y recibe muchas respuestas que dicen «Enviado» o «susurrado». Algunas de las personas que respondieron pueden haber rezado una oración por la persona, otras pueden haber encendido una vela sin pensarlo mucho y algunas pueden haber realizado un serio hechizo de sanación antes de afirmar que enviaron la sanación.

Utiliza el método «Enviar sanación sin objetos involucrados» que se describe a continuación para «susurrar» sanación a alguien que la ha solicitado. Recuerda que la curación mágica siempre debe usarse además de la atención médica, nunca en lugar de ella.

Envío de sanación sin uso de objetos

Puedes enviar sanaciones desde cualquier lugar, incluso si no tienes ninguna herramienta contigo.

Necesitarás:
- un lugar donde trabajar sin interrupciones;
- conocimiento de dónde se encuentra la persona que necesita sanación;
- en referencia a ti, en qué dirección (opcional).

Si sabes dónde se encuentra la persona que solicita la sanación con respecto a tu posición, gira en la dirección en la que se halla la persona.

Levanta los brazos de manera que los dedos apunten en la dirección de la persona. Visualiza el envío de zarcillos al centro de la tierra. Atrae energía roja a través de los pies, las piernas y el corazón. Visualiza la energía blanca o violeta que procede del universo, que entra en tu cuerpo por la parte superior de tu cabeza y se encuentra con la energía roja de tu corazón. A medida que las energías lleguen al corazón, visualízalas dando vueltas alrededor del corazón en sentido horario (en sentido del sol). Cuando se mezclan, se convierten en chispas arcoíris de luz brillante.

Visualiza esta luz que viaja desde tu corazón hasta tus brazos y dirígete con tus dedos hacia la persona a la que le estás enviando la sanación. Visualiza a esa persona como una persona completa y sana. Asegúrate de que sigues extrayendo energía de la tierra y el universo. Nunca, jamás envíes tu propia energía, ya que esto te agotará y hará que enfermes.

Envía energía durante el tiempo que consideres necesario. ¡Entonces puedes, con la conciencia tranquila, decir «Enviado» en las redes sociales!

Enviar sanación con una vela

A veces se desea enviar la sanación durante un período más prolongado, para lo que resulta poco práctico permanecer de pie y enviarla a través de las manos. En ese caso, deja que una vela haga el envío por ti.

Necesitarás:

- © una vela pequeña (de cualquier color, pero recomiendo el azul o el verde);
- © fósforos o un encendedor;
- © un candelabro y una superficie segura para dejar que la vela se consuma;
- © una herramienta para escribir en la vela (opcional y sólo si se puede escribir en ella).

Al elegir el tamaño de la vela, ten en cuenta que una vela mágica dura de dos a dos horas y media, y debe vigilarse siempre por motivos de seguridad. Si tienes prisa, usa una vela de cumpleaños. Recuerda: ¡nunca dejes una vela encendida sola!

Al elegir el color de la vela, el azul es una buena opción para la sanación, especialmente la mental y emocional, ya que está asociado con el elemento agua. Una vela verde también es adecuada, porque el elemento tierra es sanador.

Si tienes tiempo, escribe en la vela el nombre del destinatario de la energía. También puedes escribir con la vara de Asclepio, si tienes inclinación artística. Cuanto más capas pongas a tu magia, más fuerte será.

Procede como si enviaras la sanación sin un objeto, pero en lugar de enviar la energía directamente a la persona, envíasela a la vela. Luego, cuando enciendas la vela, hazlo con la intención de que envíe la energía sanadora a la persona mientras se consume. Como ocurre con la mayoría de los hechizos de velas, querrás que se consuma por completo. Un hechizo de vela parcial puede causar estragos porque estás enviando un mensaje parcial (y una sanación parcial).

Me gusta publicar una imagen de la vela encendida en las redes sociales si la persona pide que se cure de esa manera. Parece reconfortante para la persona que recibe la energía. Esa sensación de confort también la ayudará a recuperarse.

OTROS EJEMPLOS DE HECHIZOS DE SANACIÓN

Si bien enviar o enunciar sanación puede ser lo más visible en las redes sociales, existen muchas otras formas de practicar magia sanadora. Éstos son algunos hechizos de sanación muy concretos.

Envío de sanación con muñecas y monigotes

La mayoría de las personas se retraen ante la idea de crear una muñeca o un monigote para hacer magia. La palabra monigote (o *poppet*) evoca imágenes de muñecos llenos de alfileres destinados a dañar. Sin embargo, hay muchos usos positivos de las muñecas y los monigotes en magia. De hecho, ¡las muñecas y los monigotes se emplean comúnmente para la magia sanadora!

Para usar una muñeca o un muñequito para la magia sanadora, decántate por uno que no se emplee como juguete. Si prefieres hacer el tuyo propio, puedes coser un muñeco o incluso dibujar uno en un papel. Entonces, piensa en la persona a la que le estás enviando energía sanadora. (¡Recuerda obtener el consentimiento para la sanación antes de hacer tu trabajo!).

Si vas a coser una muñeca, coloca un poco de tela o pelo del destinatario dentro de la muñeca antes de cerrarla. Además, si es posible, coge un hilo largo y mide a la persona de la cabeza a los pies, haciendo un nudo para indicar su altura. Luego mide una pierna de ese nudo, atando otro nudo para mostrar el largo de la pierna. Desde el primer nudo, mide el tamaño de su brazo y vuelve a hacer un nudo para mostrar esa longitud. Introduce este hilo dentro de la muñeca para que esté más próxima a la persona.

Viste a tu muñeco o decóralo a semejanza de esa persona. Si es posible, pídele un poco de pelo a la persona o una prenda de ropa que haya usado. Frota el pelo en la muñeca o pégalo a su cabeza con pegamento o cinta adhesiva. Si tienes tiempo, diseña una prenda de vestir para la muñeca con la tela que tienes o frota la tela sobre la muñeca y deja que ésta descanse sobre el material cuando trabajes.

Puedes usar muñecos para un mejor crecimiento del cabello, aumentar o disminuir la libido, pérdida de peso, salud general y cualquier otro aspecto del cuerpo físico. También puedes emplearla para acabar con las adicciones. Sin embargo, hazlo sólo junto con el tratamiento de la adicción.

Monigote (o *poppet*) para sanar

Crea un monigote para curarte a ti mismo o a otra persona que te haya dado su consentimiento para hacerlo.

Necesitarás:
- un muñeco o monigote decorado a semejanza del destinatario;
- una infusión fuerte de hierbas y frutos curativos (por ejemplo, rodajas de manzana, pepino y ajo);
- alcohol isopropílico;

- cristales curativos apropiados;
- pluma o bolígrafo;
- libro de sombras, grimorios o un cuaderno mágico para documentar.

Prepara un linimento rápido hirviendo hierbas curativas o fruta en una pequeña cantidad de agua para obtener una infusión muy fuerte. Luego mezcla esta infusión con alcohol isopropílico. (Esta receta es la versión rápida: un linimento tradicional tarda de cuatro a seis semanas tras poner en remojo las hierbas en alcohol isopropílico o vodka). Además, reúne cristales y cualquier otro objeto de sanación que desees usar.

Cuando llegue el momento de hacer tu trabajo, concéntrate en la parte del cuerpo donde se origina la dolencia. Frota el linimento en esa parte del monigote y coloca los cristales curativos encima. Visualiza la energía que sale de la Madre Tierra a través de tus pies y piernas. Observa cómo la energía del universo entra por la parte superior de tu cabeza. Envía esta energía sanadora a través de tus manos a la parte del cuerpo que requiere curación.

Visualiza la energía de la dolencia como oscura y observa cómo la energía oscura se vuelve pesada y es atraída hacia el suelo por la gravedad. Deja que la energía oscura se hunda en el suelo y descienda al subsuelo, hasta el núcleo de la tierra para su limpieza. Continúa extrayendo energía limpia y fresca de la tierra y del universo, y envíala al monigote hasta que no puedas sentir más energía oscura en el lugar de la dolencia.

Deja que el flujo de energía cese lentamente. Conéctate a tierra, cómete un poco de chocolate y guarda el monigote. Por favor, recuerda que nunca debes hacer la curación en lugar del tratamiento médico; los hechizos de curación siempre se deben realizar junto con el tratamiento.

Curación mediante cuerdas

Para este método puedes utilizar hilo o estambre. Usa un material natural que se descomponga con el tiempo. Puedes hacerlo para ti o para alguien cercano a ti que necesite sanar y a quien puedas atar el hilo.

Necesitarás:
@ un trozo de cuerda, hilo o estambre de unos 25 cm, si es muy delgado, y de unos 90 cm, si es más grueso.

Concéntrate en la enfermedad que estás intentando curar. Luego, ata nueve nudos en la cuerda y visualiza cómo la enfermedad se une a los nudos. Dibuja un pentagrama desterrante sobre cada nudo. Ata la cuerda sin apretar sobre la parte del cuerpo que requiere ser curada. La cuerda absorberá la enfermedad en los nudos y ésta desaparecerá.

Mantén la cuerda puesta hasta que se caiga y, a continuación, deséchala enterrándola.

Curarse uno mismo con una vela

Necesitarás:
@ una habitación que puedas oscurecer y donde puedas trabajar sin ser molestado;
@ una mesa y una silla;
@ una vela y un candelabro para poder colocar la llama a la altura de la vista cuando estás sentado;
@ cerillas o un encendedor.

Para este método, coloca una vela sobre una mesa para que la llama esté aproximadamente a la altura de tus ojos. Enciende la vela y, luego, oscurece la habitación por completo. Siéntate y concentra tu mirada en la vela, sin apartar nunca la vista.

Después de algún tiempo, la llama será lo único que puedas ver y de lo que serás consciente. Siéntate en este estado de trance durante un instante, disfrútalo y visualiza cómo te envuelve la llama. No existe dolor, sólo paz. Observa cómo la llama quema la energía oscura de tu dolencia y, luego, se retira de nuevo a la mecha de la vela. La magia se encuentra en la llama, que ha consumido la energía de la enfermedad, por lo que puedes apagar la vela y volver a usarla más tarde. La vela no requiere ninguna manipulación especial.

Este método de hechizo puede requerir algo de práctica, así que si no lo logras la primera vez, inténtalo de nuevo.

Sanación mediante la limpieza corporal

Necesitarás:
- @ incienso limpiador (por ejemplo, romero, incienso de olíbano o salvia);
- @ cerillas o un encendedor;
- @ un objeto que haga ruido (por ejemplo, tambor, sonajero o cuchara y tapa de olla);
- @ bolígrafo y papel;
- @ libro de sombras, grimorios o un cuaderno mágico para documentar;
- @ un lugar donde trabajar sin interrupciones.

El cuerpo es el hogar de tu espíritu. Es la casa donde reside tu autoconciencia. Como tal, puedes limpiarlo de una manera similar a como limpiarías una casa. Consigue un incienso limpiador, por ejemplo, de romero, olíbano o salvia. Además, agarra un tambor o un objeto similar para hacer ruido. A continuación, escribe un breve conjuro para eliminar la enfermedad; ordena que la enfermedad salga de ti. El conjuro podría ser como el que se indica a continuación:

«La salud y la fuerza están conmigo.
La enfermedad se ha ido.
Que se haga como yo digo».

Enciende el incienso y muévelo desde los pies por todo el cuerpo hasta la parte superior de la cabeza. Si tienes un ayudante, pídele que haga lo mismo en la parte posterior de tu cuerpo. A continuación, coge el o los objetos ruidosos y golpéalos con fuerza mientras gritas tu conjuro.

Al repetir el conjuro y hacer ruido, visualiza la enfermedad o el problema emocional moviéndose hacia tu cabeza y saliendo del cuerpo por las fosas nasales o la boca. Podría parecer una nube de humo, un pájaro o un insecto.

Sanación con un espejo mágico

Necesitarás:
- @ un espejo mágico;
- @ un conjuro de sanación escrito con anterioridad;
- @ una pluma o bolígrafo;
- @ libro de sombras, grimorios o un cuaderno mágico para documentar;
- @ un lugar donde trabajar sin interrupciones.

Coloca el espejo mágico, con la superficie reflejante hacia abajo, en la zona del cuerpo que necesite curación. Pronuncia un conjuro sanador apropiado en el espejo y visualiza cómo el problema se diluye en el espejo. Una vez que retires el espejo, la imagen reflejada desaparecerá y se llevará todo lo que haya absorbido.

Sanación con un hechizo de papel

Necesitarás:

- un dibujo o una fotografía de la persona que se va a curar;
- papel y bolígrafo;
- libro de sombras, grimorios o un cuaderno mágico para documentar;
- un lugar donde trabajar sin interrupciones.
- una de las cuatro formas de enviar un hechizo en papel (consulta el capítulo 9).

Este ejemplo es una aplicación sencilla de un hechizo de papel. Haz un dibujo del destinatario de la sanación o pega una foto de él en una hoja de papel. Escribe la palabra «salud» en mayúsculas encima de la imagen. (Como alternativa, escribe «salud» cerca de ellos con una flecha que apunte a su imagen). Mientras escribes, imagina a la persona como vibrante y saludable.

Redacta un breve conjuro. Podría ser algo así como: «Lanzo este hechizo: [nombre] está sano y bien, por el mayor de todos, que así sea». Luego, escribe el breve conjuro en el papel. Pronuncia también el conjuro sobre el papel a medida que le envías energía.

Usa uno de los cuatro métodos descritos en el capítulo 9 para lanzar un hechizo de papel. Al hacerlo, vuelve a visualizar a la persona como íntegra y sana.

SANACIÓN CON MAGIA SIMPÁTICA

Tanto la ley de la semejanza como la ley del contagio se pueden emplear para magia de curación o sanación.

El uso de la ley de semejanza se basa en encontrar uno o más objetos que de alguna manera imiten lo que hay que curar o sanar y, luego, en destruirlos. Destruir el objeto simboliza la destrucción de la dolencia. Otro uso de la ley de la semejanza es encontrar objetos que se asemejen o representen la salud y, luego, cargarlos con un poder mágico para imbuir esa salud a la persona que recibe la sanación.

Usar la ley del contagio para sanar implica hacer magia en objetos que han estado en contacto con la persona que necesita ser sanada. A medida que el objeto permanezca para siempre en conexión mágica con la persona, recibirá la magia sanadora.

Sanación mediante la ley de la semejanza

Cuando te enfrentas a una situación en la que tú u otra persona necesitáis curaros, la primera tarea es identificar los objetos que se parecen a esa dolencia o los que tienen otras similitudes. A continuación, se presentan varios ejemplos.

SANACIÓN USANDO EL COLOR COMO SIMILITUD

Si la dolencia está asociada a un color, elige un paño de ese color. Por ejemplo, el color rojo se asocia con el sarampión, la rubéola, la rosácea y otras erupciones, por lo que deberías elegir un paño rojo. Del mismo modo, para la hepatitis, decántate por una tela amarilla. Para las náuseas, selecciona un material verde, y así sucesivamente.

Si la dolencia no está asociada a un color específico, consulta la lista de dolencias relacionadas con los *chakras* al principio de este capítulo. Usa el color apropiado para ese *chakra*. Si aún no sabes qué color emplear o no puedes acceder a paños del color necesario, siempre puedes utilizar un paño blanco y escribir en él el nombre de la enfermedad o afección. Visualiza la dolencia que está en la tela.

Una vez que hayas adquirido tu tela, redacta un conjuro si dispones de tiempo. Luego, quema la tela mientras visualizas la persona, que necesita curarse, sana y libre de enfermedades. Si has escrito un conjuro, recítalo mientras la tela se quema.

Sanación con objetos que son similares

Debido a la ley de semejanza, los elementos que se asemejan al problema o a la ubicación de éste son excelentes para la curación. Por ejemplo, para problemas cardíacos, corta un corazón de papel o usa la flor de una planta con corazón sangrante. Para un problema de un dedo, traza un pie y colorea uno de los dedos de rojo. ¿Captas la idea?

Una vez que hayas adquirido tu objeto, escribe un conjuro si dispones de tiempo. Luego, quema el objeto mientras visualizas a la persona que necesita curarse como sana y libre de enfermedades. Si has escrito un conjuro, pronúncialo mientras el objeto se esté quemando.

Sanación mediante una imagen de salud

Necesitarás:
- una imagen o dibujo de la persona que solicitó la sanación (debe ser de un momento en que gozaba de buena salud);
- pluma o bolígrafo;
- libro de sombras, grimorios o un cuaderno mágico para documentar;
- un árbol sano en cuya base puedas enterrar el hechizo.

Si dispones de una imagen de la persona antes de que necesitara sanar, haz una copia e imprímela o dibuja una copia a mano. Lo más probable es que no quieras destruir el original.

En este hechizo, quieres que la persona vuelva a ese estado de salud. Si tienes tiempo, escribe un conjuro sanador a tal efecto. Luego, en la imagen, dibuja un bumerán para simbolizar el regreso. Repite el conjuro y continúa imaginándote a la persona sana mientras doblas el papel varias veces; éste tiene que ser pequeño y algo resistente a la descomposición. Entierra el papel en la base de un árbol sano. La salud del árbol acentúa aún más tu magia. El hechizo seguirá funcionando hasta que el papel se haya deteriorado por completo.

Sanación mediante la ley del contagio

Este tipo de hechizo se basa en tener acceso a una prenda de vestir, cabello, recortes de uñas o cualquier otra cosa que haya estado en contacto cercano con la persona que solicitó la curación. (Si el hechizo es para ti, es fácil). Rodea los objetos relacionados con la persona con elementos calmantes y curativos. Algunos ejemplos son las hierbas y los cristales que curan dolencias específicas. Consulta la lista de *chakras* al principio de este capítulo para obtener orientación.

Pronuncia un conjuro sanador y visualiza que la persona está bien. Si tienes algo pequeño, como recortes de pelo o de uñas, ponlos junto con las hierbas y las piedras en una bolsa pequeña mientras cantas el conjuro. Si tienes algo grande, como una camisa, ponle las hierbas y los cristales encima y dóblala mientras cantas el conjuro. Puede que tengas que atarla para que el contenido no se caiga. Coloca la bolsa o la prenda doblada en un lugar donde no moleste. Cuando el hechizo haya hecho su efecto, podrás recuperarla, junto con las piedras. No olvides limpiar las piedras cuando las hayas recuperado, a menos que sean de citrino o cianita.

Hechizo de sanación con una cebolla

El hechizo de sanación de la cebolla es un remedio popular que se entiende muy mal. Algunos lo promocionan como la extracción física de bacterias y virus de una persona cuando, en realidad, es un hechizo mágico para la sanación. Es sencillo de realizar.

Necesitarás:

@ media cebolla.

Por la noche, corta una cebolla por la mitad y coloca una mitad en la habitación donde se encuentra la persona enferma. Visualiza cómo la cebolla extrae la enfermedad de la persona. Por la mañana, toma la cebolla y tírala. No la uses para cocinar; ya ha hecho su trabajo.

Sanar hundiendo el problema en la tierra

Necesitarás:

@ un lugar donde trabajar sin interrupciones;
@ algo para comer y beber después de completar el hechizo.

Escanea tu cuerpo y localiza el problema con tu ojo interno. Visualiza el problema como una energía oscura en esa parte. A continuación, en tu mente, haz que esa energía oscura sea muy pesada para que la gravedad comience a arrastrarla hacia abajo. Con tu mente, dirige la energía oscura hacia una de tus piernas y deja que descienda hasta tu pie y, luego, que salga por la planta del pie. Permite que se hunda a través de la corteza terrestre, de las rocas y los arroyos subterráneos, hasta el mismo centro, donde se halla la roca caliente y fundida.

Observa cómo la energía negativa se quema y se transforma en energía nueva, limpia, fresca y saludable. Devuelve la energía roja y saludable a tus pies y piernas, llenando todo tu cuerpo de salud y sanación. Ten especial cuidado de llenar el vacío que ha dejado la energía negativa.

Una vez hecho esto, come y bebe algo, ya que puede ser una experiencia muy intensa y, por lo tanto, agotadora.

También puedes practicarlo para otra persona una vez que tengas un poco de experiencia. Debes guiar a la persona a través de la visualización, ya que este hechizo es más poderoso si la propia persona afectada envía la energía negativa lejos. Además, nunca quieras atraer los problemas de otra persona hacia ti.

Sanación situando el problema fuera del cuerpo en el plano astral

Necesitarás:
  @ un lugar donde trabajar sin interrupciones.

Dirígete a tu templo astral. En el ojo de tu mente, crea un objeto que contenga tu dolencia y aléjalo de forma segura. El objeto puede ser tan simple como una bola o un cubo, o puede ser un elemento más elaborado, por ejemplo, un cofre o una caja fuerte. Puedes dejar el objeto en tu templo, pero yo prefiero moverlo a algún lugar fuera de mi espacio sagrado en el plano astral. Tengo un pequeño claro en un bosque donde dejo objetos como éste; los cubro con hojas para que no se vean desordenados. Como en el método anterior, escanea tu cuerpo. Localiza el problema y visualízalo como energía oscura. A continuación, visualiza esa energía fluyendo por tu cuerpo y saliendo completamente de él por la parte superior de tu cabeza. Observa cómo la energía llega al objeto que has creado para retenerla. Míra cómo entra en ese objeto y asegúrate de que toda la energía oscura esté dentro. Luego, sella el objeto en el ojo de tu mente. Puedes rodearlo con una capa impenetrable de metal o epoxi o, si dispones de un candado, asegúrate de que esté cerrado. Deja el objeto en el lugar que has reservado para este propósito. Cuando estés listo, abandona el plano astral y regresa al espacio físico. Puedes hacerlo de varias maneras. Cuando estás en el plano astral, hay un hilo plateado delgado y apenas visible (también conocido como la cuerda plateada) que ata tu cuerpo astral a tu cuerpo físico. Búscalo. Una vez que lo encuentres, tócalo y volverás a tu cuerpo. Los practicantes de magia experimentados a menudo sólo piensan «hacia atrás» y eso los lleva de vuelta a lo físico. Puedes mover los dedos de las manos y los pies en el plano astral con la intención de moverlos también en lo físico, lo que te conducirá de vuelta al aquí y ahora. Sin embargo, otra forma de volver a lo físico que algunos encuentran muy útil es disponer de una puerta mental o puerta que conduzca al astral y de regreso. Si la dolencia te molesta de nuevo, regresa al lugar donde depositaste el objeto y añade protección adicional a su alrededor.

Sanación con agua

La sanación con agua es muy similar al método anterior, excepto que se realiza en la ducha, dejando que el agua haga el trabajo. A medida que ésta fluye sobre ti, visualízala llevándose consigo la energía oscura, eliminándola y enviándola por el desagüe.

Capítulo 16

HECHIZOS PARA LA TRANSFORMACIÓN Y DEJAR IR

A veces es difícil decidir qué tipo de hechizo usar para un propósito específico, ya que hay muchos donde elegir. ¿Es mejor un hechizo de papel para este fin? ¿O un hechizo de vela? En situaciones en las que la elección parece confusa, es útil observar qué tipo de hechizos se usan comúnmente para necesidades específicas. En este capítulo se ofrecen ejemplos de cómo utilizar diferentes tipos de hechizos para propósitos similares.

HECHIZOS PARA LA TRANSFORMACIÓN

Muchas cosas diferentes se erigen como símbolos de la transformación. Las serpientes, las langostas y los cangrejos pierden su piel o caparazón y, por lo tanto, se los asocia con el cambio. En la mitología griega, las granadas son un símbolo de transformación basada en la transformación de Kore-Perséfone, reina del inframundo. Las mariposas también son un símbolo perfecto de transformación, ya que pasan de ser una oruga a una hermosa criatura con alas. El fénix que surge de las cenizas es un símbolo de renacimiento y transformación. Una semilla es un poderoso símbolo de transformación, ya que pasa de semilla a plantón, a planta, a flor y a fruto.

Cuando buscas la transformación, buscas un cambio completo. Como siempre, asegúrate de haber respondido a todas las preguntas del apartado «Revisa el ecosistema» del capítulo 2. Un cambio completo puede tener consecuencias imprevistas si no lo has pensado bien.

Muchos hechizos sirven para desterrar algo o para manifestar alguna cosa; un hechizo de transformación necesita hacer ambas cosas. Una parte del hechizo destierra lo que era, y la siguiente parte porta la manifestación de algo nuevo y mejor en su lugar. Incluso puedes dividir el hechizo por completo en dos partes separadas, haciendo un hechizo de destierro justo antes de la luna negra y un hechizo de manifestación en la luna creciente. Éstos utilizarían las técnicas ya expuestas en los capítulos anteriores.

Usa hechizos de transformación para acabar con una adicción, en el momento de un divorcio o cuando hagas un cambio significativo para mejorar tu vida.

Conjuro de papel
para la transformación

Necesitarás:
- © un lugar donde trabajar sin interrupciones;
- © lápiz y papel;
- © libro de sombras, grimorios o un cuaderno mágico para documentar;
- © una semilla de granada (opcional);
- © una semilla que puedes plantar, así como tierra y una maceta vacía (opcional).

Decide qué símbolo de cambio utilizarás en este hechizo. Puedes dibujarlo o utilizar el objeto real. Por ejemplo, si eliges una mariposa como símbolo de cambio, dibuja una oruga en el lado izquierdo de una hoja de papel y una mariposa en el lado derecho. Si te decantas por una semilla de granada, usa una semilla de granada real y guárdala dentro del papel. Si deseas emplear una semilla que puedas plantar, necesitas tenerla envuelta en tu papel cuando realices el hechizo para que absorba la magia. Luego, puedes plantar la semilla y dejar que su magia funcione.

Toma un trozo de papel. (Si has dibujado el símbolo del cambio, utiliza la misma hoja de papel que tiene tu dibujo). En la parte izquierda del papel, escribe una palabra o una frase breve que describa lo que quieres desterrar. Por ejemplo: «Mala relación», «Adicción», «Profesión incorrecta para mí», etc. Luego, traza una X sobre las palabras, lo que significa que van a ser desterradas.

En la parte derecha del papel, escribe una palabra o una frase corta que describa lo que quieres manifestar. Por ejemplo: «Libertad», «Limpio y sobrio», «Felicidad en el trabajo», etc. Dibuja una flecha que apunte de izquierda a derecha entre los dos lados, lo que significa que se trata de un desarrollo.

Atrae la energía hacia arriba desde la tierra y hacia abajo desde el universo, y déjala circular a través del papel, como en los hechizos anteriores. Pronuncia el conjuro correspondiente mientras lo haces. Luego, piensa en una época en la que lo que quieres desterrar estaba presente. Siente cómo te metes en tu cuerpo en ese momento y, a continuación, que te alejas de lo que estás descartando; en realidad, te giras de espaldas y te alejas.

Regresa a tu cuerpo en el presente. Luego, comprueba tu cronología para ver el momento en el que lo que quieres manifestar está presente. Métete en tu cuerpo en ese momento y siente las emociones de haber desterrado lo viejo y manifestado lo nuevo. Deja que los sentimientos se apoderen de ti, ya que eso ayuda a potenciar el hechizo. Luego, regresa a tu cuerpo en el presente.

Si vas a usar una semilla, coloca el papel en el fondo de una maceta vacía, pon abundante tierra para macetas sobre ella, planta la semilla y agrega más tierra. Si sólo tienes el papel o el papel y la semilla de granada, entiérralo fuera o quémalo. Mientras lo entierras o lo quemas, repite tu conjuro.

Hechizo de cuerda mágica para la transformación

Necesitarás:
- © un objeto que representa lo que pretendes desterrar (asegúrate de que es seguro desecharlo);
- © unas tijeras;
- © un objeto pequeño que represente lo que pretendes manifestar: agua, una noche a la luz de la luna o incienso limpiador (por ejemplo, romero, *Salvia sclarea* u olíbano);
- © una cuerda o un cordón delgado;
- © un lugar donde trabajar sin ser interrumpido.

Busca un objeto desechable que simbolice lo que quieres desterrar y un objeto pequeño que represente lo que deseas manifestar. (Si no puedes pensar en un objeto que plasme lo que quieres desterrar, escribe una o dos palabras en una hoja de papel y dóblala. Esto puede servir como objeto simbólico para desterrar). Limpia el objeto que simboliza lo que quieres manifestar lavándolo, dejándolo a la luz de la luna durante una noche o manteniéndolo en el humo de un incienso limpiador como el romero, la salvia o el olíbano.

Toma un cordón delgado y envuélvelo alrededor del objeto que simboliza lo que quieres desterrar y, a continuación, átate el objeto a ti mismo. Por un momento, siente lo pesado que es y cómo te pesa. Luego, extrae energía de la tierra a través de tus pies y del universo en la parte superior de tu cabeza. Deja que la energía circule por tu corazón y salga por tus manos. Esta vez, cuando la energía sale de tus manos, mira cómo se convierte en energía que destruye.

Visualiza cómo destruye lo que te une. Por último, dibuja un pentagrama desterrante sobre el objeto. Recita un conjuro apropiado, coge las tijeras y corta el cordón. ¡Eres libre! Desecha el objeto.

A continuación, coge el objeto que simboliza lo que deseas manifestar. Acarícialo y visualízate en el momento en que se ha producido la manifestación. Sostén el objeto mientras te metes en tu cuerpo en ese momento y deja que los sentimientos de felicidad y, tal vez, incluso de triunfo te llenen. Saca energía de la tierra y del universo, y deja que la energía se mezcle con todos tus sentimientos de felicidad. Luego, observa cómo fluye hacia el objeto. Dibuja un pentagrama invocador sobre el objeto y pronuncia un conjuro para manifestarlo mientras lo haces. A continuación, vuelve a tu cuerpo en el presente. Lleva el objeto contigo hasta que el hechizo haya hecho su magia.

Recuerda *actuar de acuerdo con* tu objetivo.

Conjuro de espejo cóncavo para una transformación

Los hechizos de espejo cóncavo no son los más fáciles de realizar en términos prácticos, al menos no con el espejo cóncavo que tengo. Sin embargo, son muy poderosos. Esto se debe a que un objeto que está cerca de un espejo cóncavo se ve en posición vertical en la imagen reflejada, mientras que un objeto que está fuera de la distancia focal del espejo se ve boca abajo. ¡Poner una situación patas arriba es una transformación poderosa!

Necesitarás:
- un espejo cóncavo;
- un objeto que no sea simétrico verticalmente (debe tener un arriba y abajo muy bien definido) para representar la situación que deseas cambiar;
- un conjuro;

- @ pluma o bolígrafo;
- @ libro de sombras, grimorios o un cuaderno mágico para documentar;
- @ una vela de un color que respalde tu estado de transformación (para una transformación en general, el naranja es un buen color);
- @ un incienso que apoye tu estado de transformación (para una transformación, en general, el incienso de granada es una buena opción);
- @ cerillas o un encendedor.

Comienza por fijar un espejo cóncavo para que pueda mantenerse de pie sin que lo tengas que sostener. Elige un objeto que no sea simétrico verticalmente para simbolizar la situación que deseas cambiar. El objeto debe tener una posición vertical perceptible para que sea fácil saber cuándo está boca abajo. Ahora practica a mover el objeto desde el interior del punto focal del espejo (imagen vertical) hacia fuera del punto focal del espejo (imagen invertida). Esta parte puede resultar complicada, así que asegúrate de experimentar antes moviendo el objeto para que la transición sea relativamente limpia cuando lances el hechizo.

Antes de comenzar el hechizo, escribe un conjuro para apoyar la transformación de tu situación. Enciende una vela de un color que ayude a alcanzar tu objetivo y un incienso adecuado para poner capas a la magia.

Cuando estés listo para empezar, coloca el objeto frente al espejo dentro de la distancia focal, de forma que la imagen quede en posición vertical. La imagen vertical representa tu situación actual. Mientras pronuncias tu conjuro, aleja poco a poco el objeto del espejo hasta que se oscurezca y quede fuera de la imagen del espejo.

Mueve de nuevo el objeto para que puedas ver su imagen invertida en el espejo. Visualiza tu situación como si hubiera cambiado a lo que tu querías que fuera. Envía las emociones y el poder que sientes a ese punto en el futuro. Termina con la frase «Por el mayor bien de todos, ¡que así sea!».

Mueve el espejo para que la imagen ya no esté allí. No muevas el objeto fuera de la vista del espejo, ya que eso es lo que haces para desterrar cosas. Lleva el objeto que simboliza la transformación contigo o sobre tu superficie de trabajo.

Emociones cambiantes: un círculo mágico diferente

Este círculo mágico es un hechizo muy versátil para cambiar tus emociones, es una forma de transformación. Cambiar lo que sientes por algo es una forma poderosa de modificar tu forma de actuar. En lugar de realizar actos autodestructivos e interponerte en el camino de tu magia, puedes trabajar de forma que apoyes tus objetivos.

Necesitarás:
   @ unos cuantos metros de espacio libre de obstáculos frente a ti;
   @ un lugar donde trabajar sin interrupciones.

Primero, identifica la emoción que deseas eliminar y la que quieres reemplazar. Luego, busca en tu cronología personal un momento de tu vida en el que hayas sentido la sensación de que quieres restablecer.[1] Visualiza un círculo de unos 90 cm de diámetro delante de ti. Desplaza la línea temporal como si fuera una cinta métrica para que el momento en que sentiste la sensación deseada se encuentre justo dentro del círculo.

Entra en el círculo y métete en tu cuerpo en ese instante. Vive ese momento. Mira a tu alrededor y observa lo que viste entonces, escucha lo que oíste entonces, huele lo que oliste entonces y, lo más

---

1. Si no puedes encontrar un momento en el que hayas sentido lo que quieres sentir, piensa en qué situación te daría esa sensación y utiliza la situación imaginaria en lugar de la anterior.

importante, siente lo que sentiste en ese momento. Deja que el sentimiento te envuelva y te llene. Luego, en el momento álgido de esa sensación (o cuando pienses que podría empezar a disminuir), sal del círculo y mueve la línea temporal de vuelta al aquí y ahora.

Siempre que necesites potenciar esa sensación, vuelve a visualizar el círculo, da un paso adelante y deja que fluya hacia ti. Usa esta técnica para sentirte seguro antes de una entrevista de trabajo o una presentación importante, para sentirte amado en lugar de deprimido o para sentirte valiente cuando te enfrentes a un adversario.

Recuerda que la magia depende de que creas en ella. La magia aquí consiste en mover el poder que una situación anterior te dio en el aquí y el ahora. (Si utilizaste una situación potencial, estás moviendo el poder que se te habría dado entonces y haciéndolo manifiesto en el aquí y el ahora).

HECHIZOS PARA DEJAR IR

La mayoría de los tipos de hechizos se pueden convertir en hechizos para dejar ir lo que ya no te sirve. Lo que ya no te sirve podría ser un mal hábito, un amor perdido o la culpa por algo que hiciste en el pasado. Recuerda que el pasado no te define. Lo que haces ahora te define.

Hechizo para quemar objetos para dejar ir

Necesitarás:
  - un objeto inflamable del que puedas desprenderte;
  - un caldero u otro recipiente a prueba de incendios;
  - cerillas o un encendedor.

Encuentra un objeto del que estés dispuesto a desprenderte; cualquier cosa que se queme fácilmente funciona bien. No utilices objetos enormes, ya que necesitas poder quemarlos.

Toma tu objeto inflamable y límpialo extrayendo energía de la tierra y bajándola del universo, enviando esa energía a través de tus manos hacia el objeto. Luego, visualiza tu pésimo hábito, amor perdido, culpa o pena transfiriéndose de tus manos al objeto. Siente que te abandona. Visualiza un tú que está libre de todo aquello de lo que te estás deshaciendo. Luego, dibuja un pentagrama desterrante sobre el objeto.

Por último, enciende un fuego en tu caldero u otro objeto a prueba de incendios o hazlo en una hoguera o chimenea. Quema el objeto y observa cómo lo que estás eliminando se convierte en humo y deja de tener sustancia. Ya no puede hacerte daño. Nada de eso te define.

Hechizo en frasco para dejar ir

Necesitarás:
- un tarro con tapa;
- algo que represente a la persona para la que lanzas el hechizo;
- algo que represente lo que se deja ir;
- un agente limpiador (por ejemplo, jabón líquido o lavavajillas);
- pluma o bolígrafo;
- libro de sombras, grimorios o un cuaderno mágico para documentar.

Realiza un hechizo de frasco como se describe en el capítulo 9. Agrega un agente limpiador si estás desterrando algo como una enfermedad, una adicción o un mal hábito. Puede ser jabón líquido, que es más seguro que el amoníaco más tradicional porque el amoníaco puede hacer que la botella estalle.

A medida que visualizas cómo lo que estás dejando ir deja de existir en este planeta, entierra la jarra donde no puedas encontrarla.

Hechizo de papel para dejar ir

Necesitarás:

- @ lápiz y papel;
- @ un caldero u otro recipiente a prueba de incendios;
- @ cerillas o un encendedor;
- @ libro de sombras, grimorios o un cuaderno mágico para documentar.

Un hechizo para quemar papel es muy parecido a un hechizo para quemar objetos. Se diferencia en que el hechizo para quemar papel suele estar cubierto de magia simpática gracias a la ley de semejanza y, si es posible, a la ley del contagio.

Limpia una hoja de papel como lo harías con un hechizo de quema de objetos. Luego, en el papel, escribe lo que quieres dejar ir. De nuevo, esto podría ser algo así como un mal hábito o el nombre de alguien a quien ya no quieres en tu vida. Este hechizo elimina poderosamente todo lo que ya no te sirve.

Mientras escribes en el papel, visualízate sin lo que no te sirve más. Dobla el papel dos o tres veces. No lo dobles demasiadas veces, ya que eso dificulta su combustión.

Enciende un fuego en tu caldero u otro objeto a prueba de incendios y coloca el papel en el fuego. Mientras lo haces, observa cómo lo que ya no quieres se convierte en humo, en nada, y desaparece. Visualízate libre. Que así sea.

Capítulo 17

HECHIZOS Y MAGIA
DE PROTECCIÓN

No todo el mundo se adhiere a las reglas éticas de la magia. Aunque sólo pocas personas que practican magia tienen la habilidad de infligir un daño real a otra persona, algunos ciertamente pueden incomodar mucho la vida del día a día. Los signos más comunes de que alguien te está atacando son dolores de cabeza que no desaparecen con los fármacos habituales para la cefalea; estreñimiento que ninguna cantidad de fibra parece resolver; pesadillas que se repiten noche tras noche; escuchar sonidos que no son reales; sensación de apatía sin motivo e incluso ver a la persona que está atacándote en el ojo de tu mente. Los ataques psíquicos son difíciles de sostener y, como toda magia malévola, tienden a devolverse al practicante de magia y, por tanto, a autoextinguirse. Por este motivo, los ataques psíquicos sostenidos no son muy comunes.

Si eres experto en la adivinación o tienes un amigo que lo sea, el mejor punto de partida es averiguar a qué tipo de ataque te enfrentas y, si es posible, quién está detrás de él. Este último suele ser mucho más difícil de adivinar, ya que suele ser un hechicero de la mala suerte el que crea un ataque de este tipo. Normalmente ocultan el origen del hechizo para que sea imposible discernir de dónde viene.

La energía negativa también puede venir hacia ti sin que haya alguien malicioso detrás. Alguien que se siente miserable consigo mismo envía energía negativa sin la intención de dañar a los demás, pero debes protegerte de ella. Para simplificar, también me refiero a estas situaciones como ataques, aunque no haya una víctima intencionada.

Muchos de los tipos de hechizos que ya se han presentado se prestan bien para contrarrestar los ataques, por ejemplo, crear una botella de bruja o una forma-pensamiento, o usar un amuleto protector. En este capítulo se presentan otros tipos de contrahechizos.

Magia de protección

La magia de protección son hechizos que colocas alrededor de cualquier cosa que quieras proteger. Crean un campo de fuerza mágico que la fuerza atacante no puede penetrar.

Si pasas la mayor parte del tiempo en tu casa, coloca la magia de protección alrededor de tu parcela. Si estás convencido de que algún ataque sólo ocurre por la noche, protege la habitación donde duermes. Dondequiera que pienses que estás siendo atacado, ahí es donde ubicas la protección. Cada vez que coloques protecciones mágicas, visualízalas creando el campo de fuerza mágico que te protegerá.

Pentagramas como protección

Los pentagramas son muy protectores. Dibuja pentagramas horizontales con los puntos en posiciones que abarquen todo lo que estás protegiendo. Traza pentagramas en el aire con el *athame* o el dedo, o dibuja con tiza en la puerta y alrededor de la casa.

Runas como magia de protección

En lugar de dibujar pentagramas, puedes dibujar la runa Algiz. Algiz es un alce y sus cuernos son protectores.

Gárgolas y otras figuras imponentes como protectores

Usar estatuas de gárgolas u otras figuras para crear miedo en las personas es una forma sencilla de protección. Sin embargo, para reforzar considerablemente la protección, crea una forma-pensamiento en la escultura. La estatua, por supuesto, debe mirar hacia fuera desde tu casa o habitación.

Espejos como magia de protección

Cuelga espejos que miren hacia fuera en las cuatro direcciones de tu casa o habitación. Esto reflejará cualquier energía negativa que llegue hacia ti. Algunas personas que practican magia consideran que esto es peligroso, ya que se practica activamente magia que puede dañar a alguien. Otros no encuentran nada malo en utilizar cualquier forma posible para protegerse contra un ataque mágico.

Herraduras como protección

Por lo general, se cree que colgar una herradura sobre la puerta de entrada a una casa trae buena suerte. La abertura tiene que mirar hacia arriba o, de lo contrario, «toda la suerte se derrama», como me dijeron cuando era niña. Menos conocido es colocar herraduras en cuatro paredes, una en cada una de las cuatro direcciones, que protegen la casa y a sus habitantes de energías y ataques negativos. Sin embargo, esto parece bastante obvio, ya que la buena suerte no es compatible con permitir ataques mágicos.

Bolas de bruja como protección

Una bola de bruja es una bola de vidrio esférica con hebras de vidrio que la cruzan en su interior. Suele ser verde o azul, o de ambos colores, aunque también las hay de otros colores. La bola debe ser hermosa. Cualquier espíritu maligno que venga a tu hogar quedará hipnotizado por su belleza. A medida que se acerque a ella, la bola lo llamará para que se aproxime cada vez más y, cuando finalmente la toque, será absorbido por ella y atrapado por la red de vidrio de su interior.

Cuelga la bola en una ventana de tu casa en cualquier dirección de la que pienses que puede provenir una amenaza. Mientras lo haces, pronuncia un conjuro protector, concentrándote en atrapar a los espíritus malignos dentro de ésta.

Como una bola de brujas absorbe espíritus, debes limpiarla de vez en cuando. Algunas brujas creen que basta con colgarla en algún lugar donde el sol de la mañana la golpee, lo que disolverá los espíritus. Personalmente, prefiero limpiar la bola de vez en cuando. Limpiarla requiere una técnica única porque se trata de espíritus atrapados. Ésta es una práctica avanzada y debes esperar hasta que te hayas convertido en un experto en magia antes de probarla. Si estás empezando con la magia, deberías pedirle a alguien con más experiencia que te ayude con el procedimiento de limpieza.

Limpieza de una bola de brujas

Aumenta tu energía cantando o bailando. Tienes que asegurarte de que la corriente de energía provenga de donde estás y saldrá por el portal que estás a punto de abrir. La corriente se llevará a los espíritus a través del portal.

Dibuja un pentagrama invocador hacia el oeste y pronuncia un conjuro que indique que estás abriendo la puerta al mundo espiritual. Enfatiza que todos los espíritus deben permanecer del otro lado y que todos los espíritus malignos de este lado deben marcharse. Luego, tienes que liberar a los espíritus que están atrapados en la bola.

Primero, agita la bola para que se suelte todo lo que esté pegado a la tela. A continuación, introduce energía en la bola. Colócala frente a la puerta oeste y coloca ambas manos delante de ella con las palmas mirando hacia la bola. Haz que suba la energía por tus pies y que baje por la coronilla de tu cabeza, y luego envíala a través de las palmas de las manos. Limpiar los espíritus puede requerir cierto esfuerzo, y es posible que tengas que volver a sacudir la bola. Es algo así como desenredar una cadena de plata anudada. Después de haber trabajado en ello durante un tiempo, simplemente sucede.

Cuando sientas que la bola está despejada, cierra el portal dibujando un pentagrama desterrante hacia el oeste e indica el conjuro de que ahora estás cerrando el portal.

Limpia la bola de brujas con la frecuencia que consideres necesaria. Una bola de brujas nunca deja de funcionar, así que una vez la hayas limpiado, continúa y vuelve a colgarla.

PROTECCIÓN

A veces es necesario despejar el espacio antes de colocar la magia de protección. En este apartado, aprenderás algunas formas de hacerlo, así como una manera de crear un escudo energético de protección sin utilizar ningún objeto o sustancia.

Limpieza de la vivienda

Si sientes que algo ha penetrado en tu casa o habitación o si te has mudado a una nueva residencia, querrás hacer una limpieza de la vivienda antes de colocar las protecciones. Primero tienes que deshacerte de lo que hay allí, ya que, según cómo coloques las protecciones, es posible que las entidades atacantes no puedan salir una vez que las hayas colocado.

Necesitarás:
- hierbas limpiadoras o incienso (por ejemplo, romero, olíbano o *Salvia sclarea*);
- cerillas o un encendedor;
- algo con lo que hacer ruido (por ejemplo, un tambor o una tapa y una cuchara).

Para limpiar una casa, comienza por buscar hierbas limpiadoras o incienso. El romero, el olíbano y la salvia son excelentes opciones, ya que todos tienen propiedades limpiadoras. Además, consigue algo que haga ruido. Puede ser cualquier cosa capaz de producir sonido, como una tapa para golpearla con una cuchara, un tambor o cualquier otra cosa que suene con intensidad. Quieres dejar claro a todo lo que hay ahí que vas en serio.

Empieza por la puerta de entrada a tu casa o habitación. Enciende el incienso y camina en el sentido deosil (en el sentido del sol) por todas partes mientras gritas: «¡Monstruos, idos! ¡Malos espíritus, idos! Energía negativa, ésta no es tu casa, ¡vete!». Alterna con «Entidades atacantes, ¡fuera! Todo lo que no esté invitado no es bienvenido aquí. FUERA, todo asqueroso». Puedes inventar tus propias palabras para lo que necesitas disipar del lugar.

La limpieza de una casa se realiza con más facilidad con más de una persona. Una persona puede abrir cajones y puertas, otra puede sostener el incienso y arrojar el humo a los armarios y cajones, una persona puede hacer ruido y todas pueden visualizar la casa como limpia y libre de cualquier cosa que no pertenezca a ese lugar.

Si lo haces solo, primero camina y abre todos los cajones y puertas de armarios y vestidores. Luego, camina con el incienso mientras gritas y visualizas la casa como si estuviera libre de todo lo que no debería estar allí. Por último, camina con lo que produce ruido mientras gritas y visualizas.

Puedes terminar rociando sal por todo el perímetro interior o exterior de la casa, si puedes hacerlo de forma segura, sin correr el riesgo de dañar el suelo o la vegetación. Sin embargo, dado que esto rara vez es posible, puedes colocar pequeños recipientes de sal en cada estancia.

Si bien esto se llama limpieza de una casa, se puede usar en cualquier lugar. Por ejemplo, si tienes un negocio que no va bien, realiza una limpieza de la oficina para que la empresa pueda empezar de cero. Del mismo modo, si tienes ganado de cualquier tipo y no produce, limpia el establo o el gallinero.

Sal para protección

Necesitarás:
- @ sal;
- @ bolsa de plástico;
- @ algo para llevar la bolsa de plástico.

Además de usar sal en tu casa o habitación, puedes llevarla encima para protegerte. La sal elimina todas las energías negativas, incluido cualquier tipo de hechizo que te ataque. Pon un poco de sal en una bolsa de plástico y, a continuación, introdúcela en una bolsa de seda o algo semejante para protegerla. La bolsa te mantendrá a salvo de cualquier ataque mágico mientras la lleves contigo.

Protegerte con un escudo de burbujas energético

Necesitarás:
- @ sólo a ti mismo.

Siempre es ético protegerse. Respira hondo y visualiza que envías zarcillos desde tus pies hasta el centro de la tierra. Extrae energía roja y limpia a través de los zarcillos, a través de las piernas y hasta el perineo. Ahora deja que la energía suba justo por debajo de tu ombligo. Observa cómo la energía se vuelve naranja antes de que llegue al área del plexo solar y se vuelva amarilla. Es como si tuvieras una luz amarilla brillante que emana de tu plexo solar. Deja que esta luz te envuelva y forme una burbuja ovalada a tu alrededor. Haz que la burbuja sea impenetrable. La burbuja te protege de cualquier cosa que se te acerque.

Ahora relaja la burbuja para que sea semipermeable. Asegúrate de que proteja contra las energías negativas pero permita la entrada de energía positiva. La burbuja puede ser amarilla o de un color diferente. Practica con este escudo para que: 1) puedas levantarlo en una fracción de segundo, completamente endurecido, cuando sea necesario, y 2) puedas mantenerlo levantado, semipermeable, cuando estés fuera de casa.

Mantén siempre tu escudo de burbujas completamente endurecido alrededor de cualquier automóvil que conduzcas o en el que viajes, y asegúrate de que esté alrededor de todo el avión cuando vueles.

Capítulo 18

HECHIZOS DE AMOR Y BELLEZA

Existen infinitas variaciones de hechizos de amor y belleza disponibles de forma impresa y en Internet. Incluso dudé de si incluir ejemplos. Decidí incluir sólo un par porque estos ejemplos ponen en práctica los principios que has aprendido en los capítulos anteriores. El hechizo para casarse te muestra cómo usar un monigote para hacer magia aparte de para la sanación. El de belleza interior y exterior pone en práctica la carga mágica de un objeto.

HECHIZO PARA EL AMOR

Antes de lanzarte a hacer cualquier hechizo de amor, asegúrate de recordar y entender la ética de esa magia. No interfieras con el libre albedrío de otra persona.

Hechizo con monigote para encontrar un cónyuge y casarse

Este hechizo sirve para encontrar un cónyuge y no para casarse con una persona en particular.

Necesitarás:
- @ un monigote que se parezca a ti para que te represente;
- @ un monigote simple para representar a tu futuro cónyuge;
- @ un lugar para bodas del tamaño de un muñeco;
- @ flores y hierbas que atraigan el amor (por ejemplo, rosas, albahaca y azafrán);
- @ un conjuro que indique que estás felizmente casado;
- @ un lápiz;
- @ libro de sombras, grimorios o un cuaderno mágico para documentar;
- @ un espacio donde puedas trabajar sin interrupciones.

Crea dos monigotes, uno para representarte y otro para representar a tu futuro cónyuge. Haz que el que te representa se parezca lo máximo posible a ti. Añádele algunos mechones de cabello. Haz que el que represente a tu futuro cónyuge sea muy anodino; no querrás que la magia excluya accidentalmente a una pareja perfecta porque tiene un color de pelo diferente al de tu monigote.

Establece un lugar para bodas como aquel en el que te gustaría casarte, pero hazlo del tamaño adecuado para los monigotes. Decora el espacio con flores y hierbas que atraigan el amor, como la rosa, la albahaca y el azafrán. Realiza una ceremonia de boda para los monigotes, con la intención y convicción de que te estás casando. Termina la ceremonia con un conjuro que indique que estás felizmente casado.

Guarda los monigotes hasta que hayas encontrado a tu pareja y te hayas casado. Después, como han hecho su magia, puedes desecharlos. También es posible que te resulte romántico guardarlos y sacarlos durante los aniversarios.

Hechizo de belleza

Quizás la magia más famosa para la belleza sea levantarse temprano en Beltane (1 de mayo) y lavarse la cara con el rocío de la mañana. Hago referencia a esta práctica en el conjuro para el siguiente hechizo.

Hechizo para la belleza interior y exterior

Lanza el hechizo que se presenta aquí si deseas que tu belleza interior brille y se refleje en tu belleza exterior. ¡Igual por dentro que por fuera!

Si es posible, memoriza el conjuro y el hechizo. Si tienes que leer un papel, hazlo, pero ten en cuenta que es más difícil aumentar la potencia mientras lees.

Necesitarás:
- un trozo de cuarzo de rosa;
- un lugar para moverte en círculos;
- un lugar donde puedas trabajar sin interrupciones.

Invita a la diosa Afrodita, diosa del amor y la belleza, a tu espacio usando el siguiente conjuro:

Te invoco, encantadora Afrodita, gloriosa portadora de belleza y sensualidad, hija de Urano y de Zeus y Dione.

Aquí no hay tramposos ni traidores bienvenidos, sólo la verdadera alma y el espíritu de la señora Afrodita.

Afrodita, señora del placer y la alegría, nacida de la espuma del mar, también conocida como Acidalia, Citerea y Cerigo, por la rosa de color rojo, por las conchas de vieira y por la gracia de la paloma, te invito, señora Afrodita, a asistir y bendecir mi espacio para que pueda aprender y crecer en el amor y la belleza.

¡Saludos y bienvenida, señora Afrodita!

Ahora es el momento de lanzar tu hechizo. El hechizo potenciará el cristal de cuarzo de rosa. Comienza a moverte en el sentido de las agujas del reloj mientras sostienes el cuarzo de rosa. Pronuncia las siguientes palabras:

Como Afrodita
Soy hermosa, atractiva y fina.
Soy encantadora y verdaderamente divina.
Soy sutilmente seductora y hermosa,
y mi figura es una forma preciosa.
Cuando lo deseo, soy cálida y ardiente.
Pero me muestro siempre elegantemente.
Soy refinada, mi melena es de oro
y de ternura escondo un tesoro.
La belleza divina, su magia y poderío
se reflejan cada día en Beltane y su rocío.

Repite este hechizo tres veces. Cada vez que lo digas, habla más rápido y más alto. Muévete más rápido cada vez y levanta las manos más y más a medida que avanzas. Al final de la tercera repetición, grita:

¡OH, SÍ! ¡Que así sea!

Envía el hechizo al universo y al cuarzo de rosa para que se manifieste. Entonces siéntate y relájate.

Dale las gracias a Afrodita antes de despedirte de ella.

Siempre que necesites esa sensación de belleza radiante por dentro y por fuera, toca tu cuarzo de rosa, la magia está en él.

Conclusión

ANTES DE QUE TE VAYAS

Ahora tienes todas las herramientas que necesitas para que tu vida sea exitosa con la ayuda de la magia. La diferencia entre tener éxito y estar atrapado en el *statu quo* es practicar lo que has aprendido. A medida que practiques, descubrirás que tu comprensión de cómo ejecutar un hechizo aumenta y te volverás cada vez más experto en manifestar tus deseos.

Tienes que estar motivado para manifestar tu objetivo. Cuando lo estás, practicar se convierte en algo natural. La motivación también influye en la magia misma. Cuando estás motivado, tus emociones son más potentes y la energía que construyes es más poderosa a medida que ejecutas el hechizo. Si descubres que no estás lo bastante motivado para manifestar tu objetivo, es muy probable que hayas elegido un objetivo que no deseas verdadera y honestamente. Busca uno diferente: uno que en realidad te haga hacer el trabajo con alegría. Tienes que dedicarte a ese trabajo.

Actuar de acuerdo con el objetivo es un paso necesario en la magia, y lograr tu objetivo final requiere dedicación. Si observas que tu entusiasmo disminuye, incluso si al principio fue excelente, es hora de volver a examinar si éste es un objetivo que todavía deseas realmente. Si adviertes que te falta impulso y resistencia, es posible que primero tengas que establecer «impulso y energía» como tu objetivo; esforzarte por lograr ese objetivo y poder aplicar los resultados a tu próxima meta.

Tienes que ser flexible. Si algo sale mal, evalúa la nueva situación con rapidez y comprende cómo necesitas cambiar de rumbo. Tienes que aceptar los cambios y adaptarte a ellos para que tu trabajo pueda continuar. La flexibilidad está a la orden del día. ¡Una bruja es ingeniosa! Debes estar abierto a aprender nuevas habilidades y nuevos enfoques cuando la situación cambie. Sé lo bastante resiliente como para gestionar el revés temporal. Siempre debes tener una perspectiva optimista y positiva. ¡Descubre las razones por las que el nuevo enfoque funcionará! Encuentra nueva energía y entusiasmo a partir de los desafíos y las complejidades, y ten la confianza de que tendrás éxito. Cuando haya problemas, concéntrate en encontrar soluciones y recuerda que tú eres responsable de tu propia realidad. No busques chivos expiatorios. A veces, cuando encuentras un problema, debes detenerte. Si sigues avanzando, algunos problemas te harán perder tiempo y recursos, cuando, en cambio, deberías haber hecho una pausa y volver a evaluar.

En ocasiones es posible que tengas que correr riesgos para que tu objetivo se manifieste. Estate siempre atento a las formas de acortar la lista de trabajo para *actuar de acuerdo con* tu objetivo. Si existe un riesgo asociado con el método abreviado, evalúa los riesgos y los beneficios. No correr ningún riesgo suele resultar en un enfoque que evoluciona a paso de tortuga.

Si parece que no vas a ninguna parte y crees que estás siguiendo todos los pasos para *actuar de acuerdo con* el objetivo, analiza las acciones que has anotado. Asegúrate de que cada paso sea claro y específico para saber exactamente qué hacer. Cerciórate de que los pasos no estén escritos como objetivos en sí mismos; es necesario que los pasos sean acciones reales y ejecutables. Asegúrate de entender por qué cada paso es necesario. Es fácil perder el entusiasmo cuando se hace algo que no se entiende para qué sirve. Asegúrate de que los pasos indiquen cuándo debes realizar cada uno de ellos. De esta manera, puedes hacerte responsable de un cronograma que seguir. Incluso puedes añadir pequeñas recompensas aquí y allá en los escalones. Por ejemplo, una vez que hayas realizado los pasos uno, dos y tres, añade un paso cuatro: «Celebra este hito». ¡Quizás compres helado en la heladería!

Como ocurre con casi todo, el esfuerzo que pongas es lo que determinará el resultado. Si tus hechizos son constantemente breves y los preparas sin pensarlo, es posible que descubras que tienes menos éxito del que esperabas. La práctica hace al maestro. Cuanto más practiques, más lograrás. Realizar hechizos es una segunda naturaleza para los practicantes de magia más exitosos, porque la práctica ha hecho que todos los aspectos del trabajo con hechizos sean una parte integral de lo que son. No te des por vencido si tu primer hechizo no funciona. Comprueba todos los aspectos de la magia: si el ecosistema está ahí para que se manifieste el objetivo, qué correspondencias utilizaste, la redacción del conjuro, el momento en que se lanzó el hechizo y si estabas reuniendo la energía necesaria. Comprueba si has tomado todas las medidas precisas para *actuar de acuerdo con* tu objetico. Modifica todo lo que necesites modificar e inténtalo de nuevo. Si, después de tres intentos, aún no se manifiesta, te está diciendo algo: tu objetivo no está en equilibrio con el universo. No importa cuánto lo intentes, tu magia no podrá alterar el equilibrio. Las leyes de la naturaleza aún se aplican. La gravedad todavía existe. La rueda del año girará y el invierno llegará después del otoño. La magia no es un milagro. La magia hace que lo posible sea probable. Cuando tu objetivo no se manifiesta tres veces, necesitas sentarte y entender por qué el objetivo que te propones no está en sintonía con el resto del universo. Hacerlo es difícil y puede ser una lección difícil de aprender. No te desesperes y no te des por vencido. Una vez que comprendas por qué tu meta altera el equilibrio, puedes decidir un objetivo que se adapte a tus necesidades y esté en sintonía con el universo.

A medida que tu experiencia aumente, descubrirás que saber si una meta está en equilibrio con el universo o no se vuelve casi automático. Con el tiempo, no perseguirás sueños imposibles que no puedan materializarse. A medida que te vuelvas más experto en fijar tu intención para que no altere el equilibrio del universo, descubrirás que cada vez más hechizos manifiestan lo que deseas. Esta evolución forma parte del desarrollo normal de un practicante de magia. En otras palabras, si tu primer hechizo falla, ¡no te preocupes! En poco tiempo, crearás hechizos que funcionarán, ¡todos y cada uno de ellos!